LE BOUC

LES LARMES AMÈRES DE PETRA VON KANT

LIBERTÉ À BRÊME

RAINER WERNER FASSBINDER

LE BOUC

LES LARMES AMERES DE PETRA VON KANT

LIBERTE A BREME

L'ARCHE
rue Bonaparte
au 86, PARIS

DU MEME AUTEUR

chez le même éditeur

Preparadise sorry now, Du sang sur le cou du chat, 1980.

ISBN 2-85181-031-6

LE BOUC

(Katzelmacher)

Texte français
Philippe Ivernel

Pour Marieluise Fleisser

A vrai dire, ceci aurait dû être une pièce sur des gens d'un certain âge. Mais elle devait être réalisée à « l'anti-théâtre ».
Maintenant ils sont tous jeunes.

RWF

Personnages

HELGA, GUNDA, ELISABETH, MARIE, INGRID, PAUL, JORGOS, BRUNO, ERIC, FRANZ.

ERIC : J'ai une soif.

MARIE : Je vais chercher de la bière, si tu veux. Tu dois me donner de l'argent.

FRANZ : Tu m'en ramènes une aussi.

PAUL : Et à moi. C'est une bonne fille, faut lui laisser ça. Tu l'as déjà culbutée ?

HELGA : Paulo !

ERIC : Culbutée ? C'en est une fête, ça. Aucune ne te suivra, aussi.

HELGA : Il n'y a pas à causer. Toujours le bavardage. Vous n'avez aucun respect, tous autant que vous êtes.

PAUL : T'as déjà culbuté avec le respect ? Vraiment pas, hein.

MARIE : Et voilà. La bière. Merci disent les gens bien élevés.

PAUL : Etre bien élevé, c'est autre chose que de dire merci.

MARIE : Quand on n'a rien dans la tête, on se tait.

ERIC : Elle a raison. Moi, on m'a rogné mon salaire. Parce que rien n'est plus comme avant, qu'ils disent. Et qu'est-ce que tu fais ? Tu fermes ta gueule.

HELGA : Alors qu'une amie d'école à toi est déjà propriétaire d'une fabrique.

ERIC : La Plattner ? Un ouvrier qu'elle a. Et ils fabriquent quoi ? des pochettes-surprises !

HELGA : Mieux vaut fabriquer des pochettes-surprises que ramasser le fumier d'un autre.

ERIC : Je ne ramasse pas le fumier. Je conduis le tracteur, et une fabrique comme ça, je pourrais m'en payer une.

PAUL : Nom de Dieu, quand va-t-il repasser ce train...

MARIE : Vraisemblablement à l'heure, si tu veux le savoir exactement.

FRANZ : S'il y avait un bal ici chaque semaine, ça irait déjà un peu mieux.

ERIC : On en a causé au patron. J'y perdrais sacrément, qu'il a dit avec sa vilaine gueule.

HELGA : Tu crois que tu es plus joli.

ERIC : Que lui, sûr. On viendrait des environs, si ça se faisait.

FRANZ : L'orchestre coûte trop cher.

PAUL : Et un music-box ?

ERIC : Ça n'attire personne, parce qu'il y en a partout, des music-box.

FRANZ : A la Couronne, ils en ont un, maintenant.

HELGA : Et là, la salle est trop petite. Danser, pas question.

Arrivée de Jorgos.

ERIC : Regarde-le celui-là, de quoi il a l'air.

MARIE : Quel est cet individu ?

PAUL : Avec sa moustache !

MARIE : Dis un peu.

ERIC : Qu'est-ce que j'en sais, moi !

HELGA : Tiens, il vient de notre côté.

PAUL : Tu veux quelque chose, eh ?

FRANZ : Tu cherches quelque chose par ici ?

MARIE : Qui es-tu donc ?

ERIC : Tu peux pas répondre quand on t'interroge ?

PAUL : Alors !

HELGA : Tu cherches quelqu'un ? Tu cherches quelqu'un de précis ?

PAUL : Quelle dégaine, l'abruti !

FRANZ : Peut-être qu'il ne veut pas causer avec nous. Peut-être qu'on n'est pas assez bien pour lui.

ERIC : Cause un peu. Cause !

JORGOS : Den Katalava !

HELGA : C'est un étranger.

ERIC : Je vous le disais.

PAUL : C'est moi qui l'ai dit.

FRANZ : Sans doute un Italien.

ERIC : Un Rital.

HELGA : Eh, tu es quoi ? Italien ?

JORGOS : Italie nix.

PAUL : C'est un Italien, c'est tout. C'est un Italien ça.

MARIE : Qu'est-ce qu'il vient faire par chez nous ?

FRANZ : Je voudrais bien le savoir aussi.

ERIC : Il s'amène comme ça et ne cause pas un mot.

HELGA : Il doit bien aller quelque part.

PAUL : C'est un Italien ça.

HELGA : Il doit aller quelque part malgré tout.

ERIC : Exactement.

HELGA : Où dois-tu donc aller ?

PAUL : Où tu vas.

HELGA : Adresse, nix ?... Firme Elisabeth Plattner.

PAUL : Elisabeth, je vous le disais.

HELGA : Je t'indique le chemin, viens, viens !

PAUL : Parce qu'elle est allée en Italie l'année dernière. Et maintenant, il rapplique, lui.

MARIE : Ça va faire des vagues.

HELGA : Il vient chez Elisabeth. Je l'ai toujours dit, qu'elle était nymphomane. Regarde un peu.

PAUL : Parce que nous, on n'est pas assez bien.

FRANZ : Toi, certainement pas.

PAUL : Mais toi.

FRANZ : Il déconne, peut-être.

PAUL : Un Italien d'Italie.

HELGA : C'est à ne pas croire, pareille effronterie. Ma mère l'a toujours dit. Ne fraye pas avec cette Elisabeth, qu'elle a dit. Toujours.

PAUL : Un Italien d'Italie.

MARIE : Le train.

HELGA : Je préférerais de loin rester ici. On devrait causer avec les gens de l'endroit.

PAUL : Tu viens maintenant.

ELISABETH : Maintenant faut parler signatures, pour commencer. Sécurité Sociale et frais à déduire. Vous pouvez aussi coucher ici chez nous, ce sera déduit. Je vous ai fait venir, parce que la main-d'œuvre locale, pas question pour moi, mis à part Bruno, et vous ferez sa connaissance, ils ont mauvais esprit. Bon. Le travail s'apprend facilement, mais il s'agit d'aller vite, ou la productivité en souffre. Par-dessus le marché, ils demandent des salaires éhontés, j'aimerais bien savoir comment on peut gagner tant. Il y a tellement de racaille qui traîne par ici, avec les réfugiés qui sont restés, et d'autres encore. Vous mangerez aussi chez moi, c'est également déduit. Le dénommé Sperr Franz a travaillé une semaine ici, alors ils ont causé, avec Bruno ils causent aussi, mais maintenant nous sommes habitués. Donc, vous, s'ils causent, faudra vous habituer aussi. J'ai cherché un garçon ambitieux, parce que la fainéantise, ça ne rapporte rien. Maintenant vous savez tout.

ERIC : De qui cause-t-on ?

PAUL : De l'Italien.
ERIC : Exactement.
GUNDA : Et alors ? Qu'y a-t-il ?
PAUL : C'est un Italien. C'est tout. (*Arrivée de Bruno.*) Bon. Que se passe-t-il ?
BRUNO : C'est pas un Italien.
PAUL : Non ?
BRUNO : C'est un Grec. De Grèce.
ERIC : Ah bon ? Mais en Grèce, elle n'a jamais mis les pieds, Elisabeth.
BRUNO : Ça n'a rien à voir, parce que c'est un travailleur immigré, lui.
GUNDA : C'est quoi ?
BRUNO : Comme je le dis. Un travailleur immigré.
ERIC : Comment ! Il n'y a donc pas assez de travailleurs ici ?
PAUL : Un Grec de Grèce.
ERIC : Ça ne va pas, parce que c'est pas une justice, ça.
GUNDA : Exactement.
ERIC : Nous travaillons aussi, nous, et pas qu'un peu.
PAUL : Est-ce qu'il t'a déjà soulevé Elisabeth ?
GUNDA : Où couche-t-il ?
BRUNO : Avec moi dans la chambre.
ERIC : Avec toi ? Comment cela ?
BRUNO : Parce qu'il y avait une place.
PAUL : Il a causé avec toi ?
BRUNO : Il ne sait pas dire un mot. Mais pour dormir il se déshabille. Intégralement.
PAUL : Non !
BRUNO : Exactement.
GUNDA : Devant toi ?

BRUNO : Il ne se gêne pas.

ERIC : Et comment se présente-t-il ?

BRUNO : Mieux que nous.

ERIC : Comment mieux ?

BRUNO : Il est mieux bâti.

ERIC : Où ?

BRUNO : La queue.

Un temps.

PAUL : A la Couronne ils ont une télévision maintenant, moi j'y vais.

GUNDA : Je pars, maintenant. Servus.

ERIC : Servus. Qu'est-ce qu'ils donnent donc.

PAUL : Ils chantent des rengaines et ainsi de suite.

GUNDA : Tu viens de Grèce ?

JORGOS : Grèce.

GUNDA : Ça te plait ici ? Si tu as du plaisir ici ?

JORGOS : Nix comprendre.

GUNDA : Allemagne, beau ?

JORGOS : Beaucoup beau.

GUNDA : Pas beaucoup amour ?

JORGOS : Nix comprendre amour.

GUNDA : Le cœur, là.

JORGOS : Nix.

GUNDA : Non ? Nix mademoiselle ?

JORGOS : Quoi mademoiselle ? Foutre foutre ?

GUNDA : Oui.

JORGOS : Non nix.

GUNDA : Pourquoi ? A cause de moi ?

JORGOS : Oui. Nix.

INGRID : Je le tiens d'Eric qui le tient de Bruno, je crois. Cette nuit elle s'est déshabillée, s'est allongée sur le lit, et a appelé le Grec.

HELGA : Et après ?

INGRID : Après, le Grec y est allé, et il est revenu trois heures plus tard, et il avait l'air complètement vidé.

GUNDA : Moi je rentrais juste à la maison, le Grec arrive à ma rencontre. Je salue, parce que j'ai de l'éducation. Il m'attrape et me flanque dans l'herbe, et n'arrête pas de répéter foutre foutre. Jusqu'à ce que je sois prise d'une angoisse à mourir. Alors je me suis enfuie en courant.

FRANZ : Ça va être le déchaînement, maintenant, avec les mœurs étrangères.

ELISABETH : On n'a rien avec rien. Il faut être plus rapide au travail, c'est à cause du gain.

JORGOS : Travail nix bien ?

ELISABETH : Travail bien, mais nix vite.

JORGOS : Compris, travail vite.

ELISABETH : Exactement, autant de fait, autant de gagné.

PAUL : Et après il l'a violée en plein champ.

ERIC : Gunda ? Il n'a aucun goût non plus.

MARIE : Je ne crois pas ça de lui, son regard est toujours si droit.

ERIC : Tu t'es amourachée de lui ?

MARIE : Jamais je n'irais m'amouracher de lui, mais le regard d'un individu, ça a un sens.

PAUL : Je vous le dis, il l'a flanquée dans le champ et l'a violée, et les autres y passeront à leur tour. C'est moi qui le dis.

HELGA : Elle a traversé le pays bras dessus bras dessous avec lui, et ils riaient tous les deux.

GUNDA : Ça ne va plus ceux-là. J'aurais dû aller trouver la police, j'aurais bien fait.

HELGA : S'il me touche, je le dénonce.

GUNDA : On ferait bien de le zigouiller.

HELGA : Mais Elisabeth parle en sa faveur, parce qu'elle est bien placée auprès des gros du pays.

GUNDA : Si j'avais eu une liaison avec Burger, je serais bien placée aussi.

HELGA : Un vieil homme comme ça. Et quel âge avait-elle à ce moment-là ? Dix-sept.

GUNDA : Elle n'a pas de honte. A zigouiller ces gens-là, à zigouiller carrément. Mais ça vient.

MARIE : Je sens un amour comme celui qu'ils chantent dans leurs chansons.

JORGOS : Amour beaucoup bon.

MARIE : Parce qu'ils causent tous. Sur toi et sur Elisabeth.

JORGOS : Elisabeth nix.

MARIE : Je veux être la seule avec qui tu sors, parce qu'une fille a besoin de ça.

JORGOS : Yeux comme étoiles.

MARIE : Yeux comme étoiles, que c'est beau.

JORGOS : Toucher beau.

MARIE : Avec d'autres aussi c'était beau ?

JORGOS : Nix comprendre.

MARIE : En Grèce, mademoiselle beau ?

JORGOS : Oui, beau. Grèce beaucoup beau. Partir Grèce ensemble. Beaucoup soleil, beaucoup mer.

MARIE : Sincèrement, tu m'emmèneras ?

JORGOS : Certainement. Beaucoup amour.

MARIE : Je t'aime aussi, je le sens ça fait très mal, certainement.

ELISABETH : C'est toi qui as raconté partout que je ne faisais que courir après lui ?

BRUNO : Je n'ai rien dit, pas un mot. Jamais je n'irais dire quelque chose sur ton compte, je ne pourrais absolument pas.

ELISABETH : Je le vois bien, quand je traverse le village, ils me saluent tous hypocritement, de travers.

BRUNO : Je n'ai rien dit. Rien du tout.

ELISABETH : Parce que jamais ils n'ont encore causé avec une telle méchanceté.

BRUNO : Moi, je ne pourrais jamais causer sur ton compte, tu dois le savoir, mon amour s'y oppose.

ELISABETH : Question travail il s'améliore maintenant. Il apprend lentement...

BRUNO : Mais c'est toujours moi le meilleur.

ELISABETH : Avec les mains.

PAUL : Il fraye avec ta Marie maintenant.

ERIC : Celle-là, elle peut me lécher le cul longtemps, elle n'a que le mariage à la bouche. Pourquoi j'irais me marier avec une fille comme ça. Elle déconne.

PAUL : Et Ingrid ?

ERIC : Elle a tendance à voir haut. Elle estime que le mariage ne vaut rien pour elle. Parce que ça lui enlève ses chances d'avenir. Les sentiments, pas trace non plus. Ici on ne cause pas, on baise. Et bien.

PAUL : Helga attend un enfant maintenant.

ERIC : Sincèrement ?

PAUL : Comme je le dis : elle en est au troisième mois.

ERIC : Vous n'avez pas fait gaffe ?

PAUL : Elle a raconté qu'elle ne pouvait pas avoir d'enfant, c'est le docteur qui lui avait dit à Munich, et maintenant moi je suis dedans jusqu'au cou. Mon père aura son apoplexie s'il l'apprend. Quand elle m'a dit ça, Helga, j'ai cru que j'allais la trucider, parce qu'elle fait toujours l'intéressante, celle-là.

FRANZ : Là d'où il vient, il y a des communistes.

INGRID : Où, en Grèce ?

FRANZ : Je l'ai lu dans le journal. Beaucoup de communistes.

INGRID : Beaucoup ?

FRANZ : Exactement. La Grèce entière est pleine de communistes.

GUNDA : Ingrid le sait par Franz et me l'a redit ensuite.

HELGA : On ne sait jamais tout ce qui peut se passer.

GUNDA : On s'embarque dans ces choses-là et on ne sait pas ce qui va en sortir. Parce qu'avec les communistes, il y a danger.

ERIC : Il est communiste et mérite l'interdiction.

PAUL : Parce que c'est conforme à ce qui se fait déjà, de toute façon.

ERIC : Mérite l'interdiction.

PAUL : Oser venir par ici, un individu de ce genre.

ERIC : L'interdiction, ça mérite, et on va œuvrer pour.

FRANZ : D'où es-tu donc en Grèce. Quelle ville ?
JORGOS : Le Pirée.
FRANZ : C'est quoi, ça ?
JORGOS : Beaucoup soleil, beaucoup mer et beaucoup venir d'autres pays.
FRANZ : Et du travail, il n'y en a pas là-bas.
JORGOS : Travail oui, argent nix.
FRANZ : Combien gagnes-tu chez la Plattner ?
JORGOS : Nix comprendre.
FRANZ : Combien d'argent. Ici ?
JORGOS : Deux cent vingt marks. Manger et coucher.
FRANZ : Ah ? Moi, elle me payait trois cent vingt plus la nourriture, je ne me laisserais pas faire comme ça.
JORGOS : Envoyer tout maison. Femme et enfants.
FRANZ : Tu es marié.
JORGOS : Femme et enfants.
FRANZ : Combien d'enfants t'as donc ?
JORGOS : Deux.

HELGA : Tu vas avec un individu qui est marié ailleurs et a des enfants.
MARIE : Comme tu peux penser.
GUNDA : J'aurais honte, moi, car tu sais parfaitement quel genre d'individu c'est.
MARIE : Et quel genre d'individu est-ce ?
GUNDA : C'est un criminel, tout le monde le sait.
MARIE : Avec moi, il n'est pas criminel du tout.
HELGA : Parce que tu es une mauvaise créature.
MARIE : Je place mon amour où je veux, c'est mon affaire.

GUNDA : Parce que c'est un porc et qu'il a de la poigne.

MARIE : Parce qu'il ne voulait pas de toi.

GUNDA : Voulait pas de moi. Il m'a flanquée par terre.

MARIE : En rêve peut-être, parce que tu n'es pas du tout son type.

HELGA : Comme s'il s'inquiétait de ça, le type et le reste. Il a juste envie d'y fourrer la queue.

MARIE : Parce que tu te crois supérieure.

HELGA : Pour moi tu n'es qu'une traînée, c'est tout.

ERIC : Il s'est couché maintenant, sans penser à rien.

PAUL : On devrait le castrer.

ERIC : Il se sent encore à son aise ici.

PAUL : Ça va bientôt lui passer.

ERIC : Oh la réjouissance. Simplement le couper. Après il pourra toujours aller voir s'il baise encore, parce qu'il n'a rien d'autre dans la tête.

PAUL : Sauf qu'il pue comme une truie

ERIC : Bruno a dit qu'il ne se lavait jamais...

PAUL : Parce que là d'où il vient on ne se lave pas.

ERIC : Il faudrait un pistolet, on pourrait le faire gambader, crois-tu qu'il saute bien ?

FRANZ : Comme un jeune cerf.

PAUL : Mieux vaut le castrer, il s'en souviendra plus longtemps.

ERIC : Après on l'arrose d'essence, et on en fait cadeau à Marie pour son anniversaire.

PAUL : Ce serait un beau spectacle.

FRANZ : Que dit Elisabeth maintenant qu'il va avec Marie ?

ERIC : Elle a pleuré, parce qu'il lui donnait du plaisir.

PAUL : Je pense bien, c'est une vraie truie, c'est tout.

INGRID : Le producteur a dit que j'avais une voix aussi bonne que celle de Catharina Valente et qu'il fallait que je vienne définitivement à Munich.

GUNDA : Tu as besoin d'être formée, chanter nous savons toutes.

INGRID : Parce que tu sais déjà chanter.

GUNDA : Aussi bien que toi.

INGRID : Qu'une illusion te soit permise.

GUNDA : Parce que tu es supérieure ? Une nullité comme toi ! S'il y a illusion quelque part, c'est ton producteur qui en est une, d'illusion.

INGRID : Je chanterai et tu le verras à la télévision et tu en pueras littéralement d'envie.

GUNDA : Jamais je ne pourrai puer d'envie aussi fort que toi de la gueule.

INGRID : Si je pue de la bouche, tu es déjà mangée aux vers. Avec un âge biblique comme le tien, on n'a plus qu'à se taire. C'est moi qui te le dis.

Helga.

HELGA : Vous avez déjà entendu la nouvelle ? Le bouc, ce crevard, il a zigouillé Eric à moitié. Il était comme fou. Soudain ça l'a pris, il s'est déchaîné contre Eric.

INGRID : Contre Eric. Pourquoi ?

HELGA : Personne n'en sait rien. Paul et Franz étaient là, ils sont restés entièrement pétrifiés devant une telle démence.

GUNDA : Et ils ne l'ont pas secouru ?

HELGA : S'ils étaient entièrement pétrifiés devant la démence.

GUNDA : Mais ça devait arriver. Je l'ai toujours dit : le travailleur immigré doit décamper.

INGRID : Exactement, parce que ce sont de mauvais hommes, ces étrangers.

Paul, Eric, François.

HELGA : Ah vous voilà.

INGRID : On ne voit pas grand-chose des coups.

ERIC : Parce que je suis bâti et que je sais me couvrir, autrement j'étais mort.

PAUL : Exactement.

ERIC : Mais j'aurai ma revanche. Avec le coup-de-poing américain et tous les amis, parce qu'il faut lui expulser ça du corps.

FRANZ : On va fonder un gang contre lui.

PAUL : Et qui ne suit pas est un ennemi et sera combattu de la même façon.

HELGA : Pour que l'ordre revienne...

GUNDA : Et la Plattner est une ennemie aussi.

ERIC : Exactement. Elle doit quitter le pays, parce qu'elle est responsable de tout. Nous allons voir qui marche avec qui et ce qu'ils vont faire maintenant, contre tous.

HELGA : Même à l'église elle l'emmène. C'est à ne pas croire.

GUNDA : Quand on n'a pas de honte, on n'a pas de honte.

HELGA : Avec ça, il n'est certainement pas chrétien.

GUNDA : Il n'est pas chrétien du tout.

ERIC : Il faudrait qu'il crève.

PAUL : Et elle aussi.

ERIC : Il n'y a que Bruno qui me cause du regret, il trempe là-dedans aussi naturellement.

PAUL : Naturellement.

TOUS :
Sang du Christ abreuve-moi
Eau de son flanc lave-moi
Souffrance du Christ conforte-moi
O bon Jésus exauce-moi
Dans tes blessures cache-moi
Près de toi toujours garde-moi
Pour que je puisse te chanter
Avec tous tes saints en toute éternité. Amen.

GUNDA : Il faudrait le dire au curé. Parce que quand il n'y a plus aucune pudeur.

ERIC : J'ai acheté un coup-de-poing à Munich.

PAUL : Mais il faudrait agir en secret.

ERIC : Je me contrefous du secret. Fonçons et le plus tôt sera le mieux.

PAUL : La prudence s'impose.

FRANZ : Mais pourquoi faut-il qu'elle l'emmène aussi à l'église.

MARIE : Parce qu'elle ne connaît rien d'autre, il a une religion également.

FRANZ : Oui mais quelle religion.

MARIE : Toutes se valent.

ELISABETH : Tu les entends causer ? Avec leurs chuchotis, ils lui cassent son sermon, au curé.

BRUNO : Je ne remarque rien.

TOUS :
Voici l'agneau immolé
le sacrifice accompli

nous avons O Dieu contemplé
ta puissance et ta grâce infinies.

ERIC : On n'a rien avec rien. Va falloir que ça craque à un moment ou à un autre.

PAUL : Le mieux, avec les blousons de cuir et tout le bataclan. Comme ils ont tous, sauf nous.

ERIC : Ce n'est pas une raison pour attendre.

GUNDA : J'irai lui causer après.

HELGA : Moi aussi.

GUNDA : Il lui sera bien dit le genre de femme qu'elle est.

MARIE : J'ai peur, parce que rien de bon ne se dégage de personne.

FRANZ : Les choses sont comme elles sont, tu ne peux rien y changer.

TOUS :
Notre porte est marquée de sang.
Car il est l'agneau pascal
qui pour nous rôtit d'un ardent amour.

PAUL
ERIC
FRANZ : Chaque pute à nègre chez nous a des seins de caoutchouc, mais les gens de notre espèce n'ont rien, eux.

ELISABETH : C'est peut-être moi que tu vises ?

BRUNO : Ne commence pas avec eux.

ELISABETH : Ils peuvent faire ce qu'ils veulent alors ?

HELGA : Toi en tout cas tu peux faire ce que tu veux, parce que les gros, tu étais leur poule.

ELISABETH : Parce qu'ils ne veulent pas d'une seule d'entre vous.

GUNDA : Pour vouloir, ils auraient bien voulu, mais nous avons de l'honnêteté. Nous ne sommes pas à la disposition de n'importe qui.

ELISABETH : Plutôt n'importe qui que personne. Si j'avais ta dégaine, je me ferais honte.

GUNDA : Tu t'es fait venir un travailleur immigré, tellement t'es attirante.

ELISABETH : Et ça regarde qui ? D'abord ce n'est pas un travailleur immigré, mais un travailleur invité.

HELGA : Pour ton lit la différence est mince.

ELISABETH : Mon lit c'est mon nez, tâte un peu le tien.

PAUL

ERIC

FRANZ : Chaque pute à nègre chez nous a des seins de caoutchouc.

ELISABETH : Tu peux le voir par toi-même que ce n'est pas un nègre, et il est meilleur au travail que n'importe lequel d'entre vous.

ERIC : On cause avec elle ?

PAUL : On ne lui dit pas un mot.

JORGOS : Quoi ça nix comprendre.

ERIC : Tu auras le temps de comprendre quand tu chercheras tes os.

JORGOS : Nix comprendre.

GUNDA : Parce qu'il a semé le désordre, parce que nous voulons notre tranquillité.

HELGA : La paix, c'est important pour nous.

ELISABETH : Alors laisse-moi ma tranquillité et tu auras la paix.

ERIC : Ne fais pas l'insolente, si j'avais un communiste à la maison...

ELISABETH : Ne me touche pas avec tes doigts sales.

ERIC : Sales mes mains, regardez donc un peu ?

PAUL : Pas sales du tout.

ERIC : Et si elles sont sales, jamais elles ne pourront l'être autant que les tiennes.

HELGA : Parce que tu ignores toute honte.

GUNDA : Parce que tu ramasses tout ce qui traîne.

PAUL : Et tu ne regardes jamais que les mains des autres.

ELISABETH : Je m'en vais, causer avec vous n'avance à rien.

ERIC : Maintenant, je vous le zigouille, le communiste.

PAUL : Laisse tomber, il y a danger.

ERIC : J'en suis pas encore réduit à tout accepter, non ?

PAUL : Une autre fois on le rencontrera seul.

MARIE : Ça tournera mal de nouveau.

FRANZ : C'est inévitable, alors.

MARIE : S'il n'y avait pas l'amour dans tout ça.

BRUNO : Si tout le monde en cause, c'est pas sans fondement.

ELISABETH : Personne ne comprend rien à rien.

BRUNO : Ce qui a été a été. Ça est.

ELISABETH : Et qu'est-ce qui a été ?

BRUNO : Tu as eu quelque chose avec lui. Voilà ce qui a été.

ELISABETH : Rien n'a été. Eté, été ! Je n'ai pas eu ça avec lui.

MARIE : Je t'aime tant, mais je sens quelque chose.

JORGOS : Sens quelque chose.

MARIE : A cause d'eux tous, ils méditent je ne sais quoi, avec leur brutalité.

JORGOS : Nix comprendre.

MARIE : Un jour tous faire boum boum.

JORGOS : Nix boum boum.

MARIE : Parce que tu es si gentil. Tu m'emmènes toujours en Grèce ?

JORGOS : Aller ensemble Grèce.

MARIE : Et ta femme.

JORGOS : Nix comprendre.

MARIE : Ta femme. Femme de Jorgos.

JORGOS : Nix comprendre.

MARIE : Parce que ça me saisit. Là. Ils le savent, tous. Mais moi, ça m'est égal.

INGRID : Dans cinq semaines ils m'enregistrent mon premier disque, parce que ma voix est suffisamment au point, maintenant.

HELGA : Ah ? Et combien ils payent ?

INGRID : Je ne sais pas encore. Mais c'est un homme très gentil. Des photos de moi doivent être faites aussi.

HELGA : Et après ça sera dans le journal.

INGRID : Exactement. Dans tous les journaux. Toutes mes économies y ont passé.

HELGA : Parce que c'est toi qui as dû payer ?

INGRID : Pour la carrière.

HELGA : Ah oui, bien sûr.

INGRID : S'il te plaît ! On n'est jeune qu'une fois, et après les chances s'évanouissent. Après plus rien.

PAUL : J'insisterais sur les blousons de cuir. Quand on se met en frais, c'est toujours mieux.

ERIC : Et combien coûtent-ils ? Trois cents marks.

PAUL : C'est fou.

ERIC : Mais il y a aussi les blousons amerlos. Bleus. Et derrière tu peux coller quelque chose. Chicago Rockers et ainsi de suite.

PAUL : Mieux que rien.

ERIC : Et chacun doit se procurer un coup-de-poing. Avec ça en poche, on se sent un autre. Bruno suivra. Il me l'a dit.

PAUL : Maintenant on est déjà dix. C'est tout de même mieux, avec des blousons de cuir.

GUNDA : Et te marier. Tu ne voudrais pas te marier ?

FRANZ : Je ne sais pas.

GUNDA : Le mariage, c'est quelque chose. La régularité n'est pas à mépriser.

FRANZ : On ne sait jamais ce qui peut se passer.

ELISABETH : Tu as entendu ce qu'ils disent tous de nous ?

JORGOS : Jorgos comprendre tout le monde causer.

ELISABETH : Mais ce qu'ils disent est imporant. Toi et moi, comprendre ?

JORGOS : Comprendre.

ELISABETH : Parce que tu les excites, toutes autant qu'elles sont. Mais tu t'es mis avec Marie.

JORGOS : Marie belle fille.
ELISABETH : Et moi ?
JORGOS : Beaucoup belles.
ELISABETH : Alors ? Tu ne voudrais pas avec moi ?

ERIC : Il l'a flanquée dans l'eau.
INGRID : Pourquoi dans l'eau ?
ERIC : A cause de l'enfant. Pour qu'il parte.
INGRID : Et alors ?
ERIC : Il n'est pas parti. Mais elle, elle a eu un choc.
INGRID : Et Paul ?
ERIC : Il lui a demandé pardon. Maintenant ils veulent se marier.
INGRID : Moi, je ne voudrais pas en entendre parler.
ERIC : Et l'amour ?
INGRID : Non plus. Parce que ça rend vieux.

MARIE : Il a voulu la tuer.
GUNDA : Sans doute un simple accident.
MARIE : Ingrid part à la ville pour chanter.
GUNDA : Parce qu'elle sait déjà chanter.
MARIE : Mieux que nous en tout cas.
GUNDA : Elle a dû tout payer de sa poche, avec ça. Le photographe et tout.
MARIE : Parce que c'est l'usage.
GUNDA : Qu'est-ce que nous en savons, de l'usage ?

ERIC : Tu es contente de ton étranger ?
MARIE : Plus que de toi.
ERIC : Te voilà devenue une traînée, c'est tout.
MARIE : Si c'est le cas, avec plaisir.

ERIC : Comme on peut tomber bas, moralement.

GUNDA : Vous êtes donc obligés de vous disputer.

ERIC : Qu'est-ce qu'il a donc de mieux que moi ?

MARIE : Ça ne regarde que ma personne.

ERIC : Il faudrait t'occire, toi, avec ton caquet.

GUNDA : Tu ne dois causer ainsi avec personne, parce que ça met tout le monde sens dessus dessous.

MARIE : Je cause comme ça me vient.

PAUL : Quelqu'un t'a fait quelque chose ?

ERIC : Non, personne ne m'a rien fait. J'ai un coup de colère, c'est tout.

FRANZ : Qui arrive donc là ?

PAUL : Oui, qui arrive donc là ? Aïe, aïe.

BRUNO : Le Grec, ça tombe à pic.

ERIC : Truie, salope, pourquoi viens-tu par ici ? Tu crois peut-être que n'importe qui peut y venir ?

PAUL : Pourquoi restes-tu silencieux ?

JORGOS : Nix comprendre.

ERIC : Tu me comprends parfaitement, eh communiste. Tu voudrais riposter ? Approche seulement.

JORGOS : Pousti malaka !

PAUL : Du propre.

ERIC : Tiens, tu t'en rappelleras, eh, truie communiste.

JORGOS : Malaka, malaka, ochi !

ERIC : Tu vas t'arrêter de causer ?

JORGOS : Ochi parakalo, ochi !

BRUNO : Tiens, voilà, tiens !

ERIC : Tu te rappelleras, comme ça, à partir d'aujourd'hui, ça n'ira plus bien pour toi.

GUNDA : Ça s'imposait, il traîne par ici comme s'il était chez lui.

HELGA : Et il vous reluque comme à la foire.

GUNDA : Ça continuera. Jusqu'à ce qu'il s'en dégoûte. Il faut qu'il décampe.

HELGA : Exactement. L'ordre doit revenir.

INGRID : Et tu y étais.

FRANZ : Tu parles.

INGRID : Et il veut maintenant s'en aller ?

FRANZ : Aucune idée. Je m'en irais, moi. Certainement.

PAUL : Une vengeance s'imposait.

ERIC : Exactement.

HELGA : Est-ce qu'il s'est remis debout ?

ERIC : Sais pas, j'suis parti.

PAUL : On s'en fout, aussi.

ERIC : Exactement.

PAUL : Il va certainement s'en aller, maintenant.

ERIC : Certainement.

HELGA : Parce que ça n'était plus bien.

ERIC : Nous sommes ici chez nous, c'est tout.

ELISABETH : Tu n'aurais pas dû suivre. Parce que ça n'était pas nécessaire.

BRUNO : Ça m'a pris comme ça. Je n'ai pas su comment.

ELISABETH : Que tu ne voles pas à son secours, à ton aise. Mais suivre les autres...

BRUNO : Je ne voulais pas suivre. Je ne sais pas du tout comment c'est venu.

ELISABETH : Alors tu déconnes, à mon avis.

BRUNO : Bah oui, je déconne.

JORGOS : Nix comprendre pourquoi.

MARIE : Je t'aime je ne t'abandonnerai jamais.

JORGOS : Moi nix comprendre pourquoi boum boum.

MARIE : C'est fini maintenant, sois donc gentil.

JORGOS : Tous tous boum boum.

MARIE : Allez, touche-moi, viens.

JORGOS : Moi tous boum boum.

MARIE : Donne-moi un baiser, c'est bon.

JORGOS : Moi nix comprendre. Grèce beau, Allemagne beaucoup froid.

MARIE : Embrasse-moi, je le veux.

GUNDA : Alors ? Il s'en va maintenant ?

BRUNO : Non.

PAUL : As-tu dit à Elisabeth que la prochaine fois elle ne s'en sortirait pas mieux ?

BRUNO : Oui, mais elle n'y croit pas.

ERIC : Elle déconne, à mon avis.

HELGA : Il est pourtant facile de voir quel est le mieux.

BRUNO : Elle dit que le mieux pour l'entreprise, c'est ça.

ERIC : Qu'il reste ?

BRUNO : Exactement, parce que c'est ainsi.

GUNDA : Et pourquoi ?

BRUNO : Parce que nous produisons plus et qu'elle le paie six cent cinquante marks. Il couche avec moi dans la chambre, elle lui soustrait encore cent cinquante marks.

GUNDA : Cent cinquante marks. Ça se peut ?

BRUNO : Exactement. Et cent quatre-vingt de plus pour la nourriture. Soit trois cent trente marks en tout. Elle lui en verse donc trois cent vingt.

ERIC : Chapeau.

BRUNO : C'est le type de Munich qui lui a dit, à l'office des travailleurs immigrés. Il faut faire comme ça, on produit plus s'ils sont là et l'argent reste dans le pays.

ERIC : Ah bon ?

BRUNO : Exactement. C'est une combine. Et c'est pour l'Allemagne.

HELGA : Elle s'y entend un peu aux affaires, Elisabeth, je l'ai toujours dit, moi.

BRUNO : Et elle ne renverra personne, qu'elle dit, elle préférerait en faire venir un de plus.

PAUL : Faut en avoir dans la tête, c'est ça la question.

GUNDA : Elle a fait une fausse couche. Mais maintenant, ils veulent se marier quand même.

INGRID : Pour moi tout ça ne vaut rien. Fausse couche et mariage.

GUNDA : Et si ta carrière ne donne rien.

INGRID : Peut-être. A cause de l'âge. Ça ne fait rien.

ELISABETH : J'ai dû lui parler des heures pour qu'il reste.

BRUNO : Je n'y peux rien.

ELISABETH : S'il raconte à Munich ce qui s'est passé ici, ils ne nous enverront plus personne.

BRUNO : Je n'y peux rien. Rien du tout.

ELISABETH : Si ça se reproduit, je te flanque dehors.

BRUNO : Je n'y peux rien.

ELISABETH : Et j'irai trouver la police, parce que ce ne sont pas des mœurs.

BRUNO : Je n'ai rien fait.

ERIC : Et en mars je pars à l'armée. Parce que c'est mieux que de travailler ici.

PAUL : Il faudra que j'y aille aussi.

ERIC : Là, pas de problème. Je voudrais un sous-marin, parce que c'est autre chose que la campagne.

PAUL : Tu es obligé d'aller où ils t'envoient.

ERIC : C'est égal, à vrai dire, où on se retrouve.

ELISABETH : En janvier t'arrivera un collègue. Un Turc, qui est trop âgé pour le bâtiment, ou quelque chose comme ça.

JORGOS : Turc ?

ELISABETH : Un Turc arrive ici. Travail comme toi.

JORGOS : Turc nix bon. Autre nix ?

ELISABETH : Non, il faut que je prenne ce qu'ils m'envoient.

JORGOS : Turc nix. Jorgos et Turc nix travailler ensemble. Jorgos partir autre ville.

MARIE : Cet été, il m'emmène en Grèce.

HELGA : Et sa femme ?

MARIE : Ça ne fait rien. En Grèce tout est autrement qu'ici.

HELGA : Je ne sais pas. Simplement partir. Et loin.

LES LARMES AMERES DE PETRA VON KANT

(Die bitteren Tränen der Petra von Kant)

Texte français
Sylvie Muller

Pour Margit Carstensen

Personnages

PETRA VON KANT. VALÉRIE VON KANT, sa mère. GABRIELLE VON KANT, sa fille. SIDONIE VON GRASENABB, son amie. KARINE THIMM, son amour. MARLÈNE, son factotum.

PREMIER ACTE

Marlène ouvre les rideaux. Bruyamment.

PETRA : Marlène ! Un peu de tact, je te prie. J'ai fait des rêves si lourds... Ma tête est toute... lourde. Toute de plomb. Le téléphone. Vite ! (*Marlène lui passe le téléphone. Petra compose un numéro*). Allo ? Madame von Kant, je vous prie. Bien sûr, j'attends. Presse-moi quelques oranges. J'ai soif ! Maman ! Je n'ai pas pu y arriver, hier, maman, le travail, hé oui, tu sais ce que c'est. Non, je suis levée depuis longtemps, vraiment. De toute façon on ne peut pas être tranquille. D'un autre côté, c'est une bonne chose, non ? Où vas-tu ? A Miami ? Oh, comme je suis contente pour toi, mère, c'est tout à fait charmant, Miami. Vraiment tout à fait charmant. Et les gens ! Un milieu fantastique. Tout simplement fantastique. Six mois ! Oh, maman. Les bras m'en tombent. Six mois, comme je t'envie. Six mois de Miami. Oui, ça ne me ferait pas de mal. (*Marlène apporte le jus de fruit. Petra met la main sur l'écouteur*). Merci. Mets-toi donc à dessiner. Les croquis sont dans le tiroir. Oui, maman ? Comment ? Mais si, maman, je t'ai écoutée, mais il y a du bruit sur la ligne, pardon. Ne sois pas vexée, mère, je t'assure, il y a eu un grésillement sur la ligne. Je ne mens pas ! Tu es blessante, mère. Bien, maman, je t'écoute. Oui. Je comprends. Bien sûr.

Oui. Combien te faut-il ? Huit mille ? Ça fait beaucoup d'argent. Attends voir. (*Elle met la main sur l'écouteur.*) Qu'est-ce que je fais maintenant ? (*Marlène hausse les épaules.*) On ne peut jamais compter sur toi, n'est-ce pas ? Maman ! Voilà, je peux t'en prêter cinq mille, en ce moment c'est vraiment le maximum. Tu sais bien, toutes ces dépenses, et puis Gabrielle. Pour le reste essaie auprès de Tatiana, ou... Oui maman. A tantôt. Tchao. (*Elle raccroche, allume une cigarette.*) Marlène, vite, il faut que tu écrives une lettre. A Joseph Mankiewitz. L'adresse se trouve dans les dossiers. (*Marlène met une feuille dans la machine.*) Cher Mankiewitz, cher ami, virgule, il me sera malheureusement impossible, virgule, d'effectuer le paiement, point, il est des circonstances en ce monde, points de suspension, mais ne le savez-vous pas, point d'interrogation. Comptant sur votre compréhension, je reste votre amie dévouée, Petra von Kant. Je signe tout de suite. Viens. (*Marlène approche et fait signer Petra.*) Descends la mettre à la boîte et dépêche-toi. (*Marlène s'en va. Petra se lève et met un disque des « Platters ». Au milieu du disque, Marlène revient. Petra danse sur la musique, etc.*) Bien, à présent dépêche-toi, le dessin doit être terminé avant midi, oui ? Du courrier ? (*Marlène lui apporte le courrier.*). Karstadt ? (*Elle ouvre la lettre.*). Je dois créer une collection pour Karstadt ! Marlène, tu as entendu ? Ma chance ! (*Elle va au téléphone et compose un numéro.*) Karstadt ? Monsieur Muller-Freinfels, je vous prie. Mon nom est Petra von Kant. Merci. Ici Petra von Kant. Oui, j'ai... oui. Mais cette semaine, ça va être très difficile, c'est-à-dire, vendredi. Un instant, oui, vendredi il me reste quelque chose. Quand ? A trois heures ? Bien. A trois heures. A tantôt. Tchao. (*Elle raccroche.*) Bande de porcs ! Il y a trois ans, tu te souviens, lorsque je leur ai proposé la première collection, comme de la bibine ? Enfin, le monde évolue. Joliment hypocrite, le bonhomme. Quand on pense... (*On sonne*). Quoi ? Dieu du ciel. Qui...? (*Marlène hausse les épaules.*) Va ouvrir, qu'est-ce que ça fait. (*Marlène sort, Petra compose un numéro.*) Onze heure et demie. Tout de même.

Entrent Marlène et Sidonie von Grasenabb.

SIDONIE : Très chère !

PETRA : Sidonie ! Ma bonne !

SIDONIE : Petra !

Elles s'embrassent.

PETRA : Mon Dieu, depuis quand...

SIDONIE : Trois ans, ma toute bonne. Trois ans. Et comme le temps passe. Et avec ça tu as si bonne mine. Affreusement bonne mine. Comment fais-tu ?...

PETRA : Tu ne me le cèdes en rien, ni en beauté ni en jeunesse, ma bonne, en rien.

SIDONIE : Et Frank ? (*Petra fait un signe de dénégation.*) J'ai entendu parler de vous dans les journaux. En Australie, tu te rends compte ! Et tout de suite j'ai dit à Lester, la pauvre, la voilà bien avancée. Comme nous t'avions mise en garde contre cet homme...

PETRA : Les expériences, Sidonie, il faut les faire soi-même. Crois-moi, je suis heureuse d'avoir vécu ça comme ça, comme c'était. Ce que tu as appris, personne ne peut te le reprendre. Au contraire, ça te mûrit.

SIDONIE : Je ne sais pas, Petra, est-ce que l'expérience a beaucoup de valeur, quand l'issue est prévisible dès le départ ?

PETRA : Marlène, fais du café, ou préfères-tu du thé ?

SIDONIE : Du café, ça ira.

PETRA : Tu as déjà petit-déjeuné ?

SIDONIE : Oui, merci. J'ai pris l'avion ce matin à Francfort. J'étais anxieuse de savoir comment tu supportais ça. Si tu souffres ou...

PETRA : Ah, Sidonie, les êtres évoluent. Jadis.... jadis, j'étais différente, assurément. Je n'aurais pas su où me mettre. La honte à elle seule. J'ai tellement cru à ce que cet homme avait de bon en lui. Mais dans le mariage, tu sais, ce sont toujours les points faibles du caractère qui ont le dessus.

SIDONIE : Je ne sais pas au juste, avec Lester...

PETRA : Pardon. Mais à force de voyager, vous n'avez jamais eu le temps d'apprendre à vous connaître vraiment. Mais Frank et moi, tu sais, nous étions ensemble jour et nuit, rarement une exception, presque toujours peur pour ma vie. Dans ces conditions il est joliment facile de découvrir de quelle étoffe l'autre est fait, ou... Pardon, je ne voulais pas être amère, mais entre cet homme et moi, bien des choses étaient possibles, de belles choses. Le ciel ne l'a pas voulu.

SIDONIE : Tu en rêves encore ?

PETRA : Non, je songe aux chances qui ont existé, sans aucun doute. C'est triste, crois-moi, quand tu reconnais que ce qui gêne l'emporte et de loin sur ce qui est beau et que l'on sent.

SIDONIE : Vous vous disputiez, ou...?

PETRA : Disputer ? Pas au vrai sens du mot. Parfois, il y avait comme un froid, tu sais, on le sent et... vois, tu es avec quelqu'un dans une voiture ou dans une pièce, et tu aimerais dire quelque chose, mais tu as peur. Tu aimerais être tendre, mais de nouveau tu as peur. Tu as peur de perdre un point, c'est-à-dire d'être le plus faible. Ce moment est horrible où l'on ne peut plus faire machine arrière avec soi-même.

SIDONIE : Je crois que je comprends ce que tu veux dire. Très confusément, mais...

PETRA : Je sais ce que tu vas dire à présent. Que c'est le plus intelligent qui cède, par exemple. Ou... Non, Sidonie, quand la bagnole est dans la merde, trouve-moi celui qui va l'en tirer, dès qu'il s'agit des rapports entre les êtres.

SIDONIE : Mais ça n'a pas pu être comme ça pendant trois ans ?

PETRA : Bien sûr que non. Il y eut des moments qui furent si beaux que... Tu sais, les moments où l'on oublie tout, tout, même que l'on pourrait résoudre les vieux problèmes, trouver une base sur laquelle... ah, la bagnole était dans la merde.

SIDONIE : Ma pauvre, pauvre !

PETRA : Avoir pitié, c'est très facile, Sidonie, comprendre est déjà plus difficile. Celui que tu as compris, tu n'as pas à en avoir pitié, tu peux le changer. On ne devrait prendre en pitié que ce que l'on ne comprend pas.

SIDONIE : Je le vois bien, toute cette affaire t'a endurcie. C'est triste ; les femmes dures m'ont toujours paru suspectes.

PETRA : Ça semble dur uniquement parce que je me sers de ma tête. Il semble que tu ne sois pas habituée à ce que les femmes pensent. Mon pauvre petit lapin.

SIDONIE : Petra ! Je t'en prie !

PETRA : Pardon, je ne voulais pas te blesser. Je veux seulement que tu entendes vraiment ce que je te dis, et non pas que tu juges selon une opinion toute faite ce que je suis en train de formuler.

SIDONIE : Certes. Je comprends bien ton amertume. Est-ce lui qui... a demandé le divorce ?

PETRA : Non, c'est moi.

SIDONIE : Pas lui ? Tu as... Mon Dieu.

PETRA : Ça t'étonne, n'est-ce pas ? La pauvre, pauvre Petra, elle qui ne voulait pas lâcher cet homme, elle qui semblait désespérément amoureuse, presque soumise, c'est elle qui a demandé le divorce, quelle horreur, n'est-ce pas ?

SIDONIE : Est-ce qu'il...

PETRA : Non, il ne m'a pas trompée. D'abord, pour moi, l'adultère, ça n'aurait pas été une raison de le quitter. En ce qui me concerne, la relation était parfaitement saine. Nous faisions tous deux grand cas du plaisir, pas de la fidélité : c'est-à-dire de la fidélité sous la contrainte. Dans sa tête chacun sans doute était fidèle à l'autre. Non, c'est pour d'autres raisons que ça n'a pas marché. Bien sûr, quand tout est faussé, vient le dégoût ou la haine. Mais tout cela n'avait rien à voir avec ce qui se passait autour de nous, avec d'autres personnes ou... (*Marlène entre, sert le café.*) Merci.

SIDONIE : Moi aussi, merci.

PETRA : A présent, retourne à ton dessin, s'il te plaît. C'est urgent.

Marlène retourne à son dessin.

SIDONIE : On peut...?

PETRA : Marlène ! Marlène est avec moi depuis

trois ans. Marlène entend tout, voit tout, sait tout. Il ne faut pas faire attention à Marlène.

SIDONIE : Soit, reprenons. Mais qu'est-ce qui a fait de vous des étrangers, qu'est-ce qui vous a rendus malades ?

PETRA : Ah, Sidonie !

SIDONIE : Vois-tu, Petra, Lester et moi nous avons également connu une période comme celle-là, où on a l'impression que tout est fini. Il y avait de la lassitude, du dégoût aussi. Et... il faut être très intelligente, tu sais, très compréhensive et pleine d'humilité. Comme femme, nous avons des moyens, il faut savoir s'en servir.

PETRA : Je ne voulais me servir d'aucun moyen, et surtout pas de ces moyens que les « femmes » ont. J'ai voulu renoncer aux tours de passe-passe.

SIDONIE : Des tours, Petra, je...

PETRA : Oui. Ce sont des tours de passe-passe. Du petit bénéfice, si tu préfères. Alors ce qui menace, c'est le manque de liberté et la contrainte. Humilité, quand j'entends un mot comme celui-là...

SIDONIE : Ne ris pas, Petra, ne ris pas, je t'en prie. A présent, Lester et moi, nous sommes heureux, vraiment ! L'humilité s'est avérée payante. Il croit me dominer, je le laisse croire ça, et, en réalité, j'impose ma volonté.

PETRA : Vois-tu, très chère, je comprends bien ce que tu dis. Il se peut que ce soit très bien pour toi et Lester. Etre contraint dans sa tête, c'est peut-être exactement ce qu'il vous faut. Mais... tu sais, Fred et moi, nous devions aimer d'un bel amour. Et pour nous, un bel amour, ça voulait dire savoir toujours très précisément ce qui se passe en soi et chez l'autre. Nous ne voulions pas former un vague couple, qui a recours à des procédés. Nous voulions toujours choisir, être toujours en alerte, toujours... libres.

SIDONIE : Je ne sais pas, Petra, pourquoi compliquer ce qui pourrait être simple ? Les procédés, par exemple, sont bien là pour être utilisés. Celui à qui il faut toujours trouver du neuf, quand ce qui existe a fait ses preuves, eh bien alors...

PETRA : Nous voulions être heureux ensemble. Tu comprends ça : ensemble. Il n'y a là pas de modèle qui ait fait ses preuves et que je connaisse.

SIDONIE : Qu'est-ce qui a bien pu arriver qui ait conduit au dégoût ? Alors qu'il y avait tant de franchise, tant de compréhension ?

PETRA : Le succès, par exemple. Le succès que j'ai eu et que Frank espérait, dont il avait besoin, à vrai dire. C'est comme ça que ça a commencé, c'est aussi simple que ça. Oui.

SIDONIE : Oui. Pardon ! Mais le succès n'est pas une raison...

PETRA : Les hommes ! Et leur vanité. Ah, Sidonie. Il voulait me choyer, pourvoir à mes besoins. Oh, oui, il se prenait au sérieux, il admettait mon point de vue, pourtant : il voulait me nourrir. Par ce biais, l'oppression s'installe d'elle-même. Et alors, ça se passe comme ça, j'écoute ce que tu dis, et je te comprends, mais l'argent... qui le gagne, qui trime ? Et alors, deux poids deux mesures ! Ah, très chère. Au début c'était : fillette, ce que tu gagnes va être versé sur un compte spécial, ce sera un atout pour plus tard, une petite maison, peut-être une voiture rapide ou quelque chose comme ça. Je faisais oui de la tête, j'étais d'accord, car...il était si doux, Sidonie, et, parfois, l'amour dans lequel il baignait m'emportait véritablement, me... faisait perdre le souffle à force de bonheur. Et quand il a sombré dans le marasme, tu sais, au début c'était presque drôle de voir combien sa ridicule fierté était blessée, et pour être honnête, j'y trouvais même du plaisir, d'autant que je pensais vraiment qu'il savait lui-même combien son comportement était ridicule. Il ne le savait pas. Et lorsque j'ai essayé, plus tard, d'expliquer, de lui dire que pour moi ça ne changeait pas un homme, d'être « top » ou pas, il était trop tard. Dès qu'on abordait ce sujet, on aurait dit un mur, Sidonie, on aurait dit un mur. Et alors, petit à petit, l'honnêteté est morte. Je pense que je me serais déçue moi-même, à travers lui, à travers moi, j'ai décidé d'en finir. D'en finir avec mon amour pour lui. Les six derniers mois ont été horribles, crois-moi, horribles ! Bien sûr, il a remarqué que c'était du passé, senti du moins. Il ne l'a pas accepté, non. Là encore, il n'a pas été très malin. La femme, il a essayé de la tenir, non pas complètement, mais au moins au lit. Alors est venu le dégoût. Il a essayé la technique, la violence. Je l'ai laissé me passer dessus. J'ai toléré ça, mais... qu'il m'a semblé sale, cet homme.

SIDONIE : Petra !

PETRA : Il puait ! Il puait l'homme. Enfin, comme puent les hommes. Ce que je trouvais délicieux avant... me donnait maintenant envie de vomir, de pleurer. Et sa façon de me monter...

SIDONIE : Non, Petra ! Je t'en prie.

PETRA : Tu vas me faire le plaisir d'écouter cette histoire jusqu'au bout. Il me prenait comme un taureau prend sa vache. Plus trace d'estime et aucune pensée pour le plaisir de la femme. Les douleurs, Sidonie, tu ne peux pas t'imaginer ces douleurs. Et parfois, quand malgré tout je... La honte ! Une de ces hontes ! J'avais si honte. Lui, il croyait que je pleurais d'amour, de reconnaissance. Il était si bête, si bête. Telle est la bêtise des hommes.

SIDONIE : Ma pauvre, pauvre ! Comme tu as souffert.

PETRA : Je n'ai pas besoin de ta pitié. Lui... lui en aurait eu besoin, de la mienne. Compréhension, bonté ou pitié, puisque rien d'autre n'est possible. Je n'avais plus rien à lui donner. Au contraire, ça allait de mal en pis. Quand nous mangions ensemble, sa mastication me faisait l'effet d'une explosion, la déglutition — je ne supportais plus rien. La façon dont il coupait sa viande, mangeait ses légumes, la façon dont il tenait une cigarette, un verre de whisky. Tout cela me semblait si ridicule, si... affecté. J'avais honte pour lui, car il me semblait que tous ceux qui le voyaient, le voyaient comme moi. Bien sûr, il y avait de l'hystérie là-dessous, de la panique, Sidonie. Tout était perdu. Terminé. Fini. Passé. (*Un temps.*) J'ai honte.

SIDONIE : Il n'y a pas de raison. Tu n'as pas de raisons d'avoir honte. Pourtant, tu as bien essayé d'apprendre. Essayé d'y comprendre quelque chose. Je...

PETRA : Je crois que l'homme est ainsi fait, il a besoin de l'autre, mais...il n'a pas appris à être deux. (*On sonne.*) Marlène !

Marlène se lève, sort.

SIDONIE : C'est sûrement Karine.

PETRA : Karine ?

SIDONIE : Une jeune fille charmante. Je l'ai rencontrée sur le bateau de Sydney à Southampton. Elle veut se faire une situation en Allemagne. (*Marlène entre avec Karine.*) Karine.

KARINE : Hello.

SIDONIE : Voici Petra, Petra von Kant, dont je vous ai tant parlé.

KARINE : Bonjour.

PETRA : Bonjour. Mais asseyez-vous. Je vous prie d'excuser le désordre. Les circonstances.

KARINE : Mais ça ne fait rien.

PETRA : Du thé ? Ou du cognac ?

KARINE : Un cognac, volontiers.

PETRA : Marlène ! Du cognac. Toi, Sidonie ?

SIDONIE : Non, merci. Le matin, je t'en prie.

KARINE : C'est drôle, je vous voyais bien plus âgée, plus aristocrate, c'est comme ça qu'on dit ?

PETRA : C'est comme ça qu'on dit, oui. Mais pourquoi plus âgée ?

KARINE : Quand on a autant de succès, quand on est aussi célèbre ? Je ne sais pas, mais... d'habitude les gens sont plus âgés.

SIDONIE : L'exception confirme la règle.

Marlène apporte deux verres à cognac, et verse à boire.

PETRA : Santé.

KARINE : Santé.

SIDONIE : Bon, Karine il est l'heure. Petra ! je t'appellerai à l'occasion, cette fois-là je resterai plus longtemps. Tchao.

PETRA : C'est ça, Sidonie. Bonne chance. Au revoir.

KARINE : Au revoir.

Sidonie est déjà sortie, précédée de Marlène.

PETRA : Ah, heu...

KARINE *se retourne* : Oui ?

PETRA : Vous avez une bonne silhouette, vous pourriez avoir vos chances. Passez peut-être me voir.

KARINE : Volontiers.

PETRA : Demain, par exemple. Demain soir. A huit heures.

SIDONIE : Karine !

KARINE : J'arrive. A demain.

PETRA : A demain. (*Karine sort. Petra s'approche du chevalet, regarde le dessin de Marlène. Marlène entre.*) Tu as modifié les manches ? Si... ça rend bien. Et ça marchera mieux comme ça.

Black-out.

ACTE II

Lumière. Mais c'est le soir. Petra traverse le plateau comme une poule effarouchée, s'habille. S'apprête. Quand Marlène n'aide pas Petra à boutonner ses habits, elle tape à la machine. On sonne.

PETRA : Marlène ! On a sonné, Marlène. Je ne suis absolument pas prête. Va ouvrir, j'arrive tout de suite.

Toutes deux sortent. Au bout d'un moment, Marlène entre, accompagnée de Karine, elle indique à celle-ci une place puis retourne s'asseoir à son bureau. Karine se lève, va au miroir, se regarde longuement. Entre Petra.

PETRA : Karine ! comme c'est gentil.

Karine se retourne lentement.

KARINE : Bonsoir, madame von Kant.

Petra va pour l'embrasser, mais s'arrête juste à temps.

PETRA : Mais asseyons-nous. J'ai préparé un petit quelque chose. Marlène ! Le lunch ! (*Marlène sort.*) Oui. Alors vous voilà.

KARINE : Oui, alors me voilà.

Toutes deux rient.

PETRA : L'Allemagne vous plaît ?

KARINE : Ça ne fait que cinq ans que j'en suis partie. Oui, elle me plaît. Elle a peu changé.

PETRA : Ici, il est rare que quelque chose change. En Allemagne les choses sont comme elles sont. Il n'y a rien à faire. Parlez-moi de vous.

KARINE : De moi ? Il n'y a pas grand-chose à raconter.

PETRA : Oh si, ce que vous pensez, ou ce que vous rêvez.

KARINE : Peu de choses. J'aimerais avoir ma place sur cette terre. Est-ce trop demander ?

PETRA : Non, au contraire, Karine, au contraire. Lutter pour avoir une place, on vit pour ça.

KARINE : Et... il faut lutter ?

PETRA : Certes. Moi aussi j'ai dû lutter, et même durement. Très durement. C'est comme ça.

KARINE : Je ne sais pas, pour lutter je me suis toujours trouvée trop paresseuse.

PETRA : Trop paresseuse ?

KARINE : Oui. Voyez-vous, j'aime surtout rester au lit, les magazines, les romans, etc. C'est...

PETRA : Peut-être vous manque-t-il encore un réel intérêt pour la vie. Mais vous êtes encore jeune.

KARINE : Vingt-trois ans.

PETRA : Justement. On a encore tant de choses devant soi. Du bon, du mauvais, du laid, du beau. A vingt-trois ans la vie ne fait que commencer.

KARINE : Oui ?

PETRA : Oui. Ou bien non ?

KARINE : Mon Dieu, j'ai déjà pas mal de choses derrière moi. Je suis mariée et...

PETRA : Vous êtes... Ah oui ?

KARINE : Oui. Mon mari est resté en Australie. Nous avions... Ah, rien n'est jamais simple.

PETRA : Non, rien n'est simple. Absolument rien. Il faut avoir le sens de l'humilité.

KARINE : De l'humilité !

PETRA : Voyez-vous, chacun a sa petite théorie sur le monde. Je crois qu'il faut être humble, pour pouvoir mieux supporter tout ce que l'on comprend. Mon travail, par exemple, m'oblige à l'humilité, l'argent que je gagne. Toutes ces choses, qui sont plus fortes que moi.

KARINE : « Humilité », c'est un mot curieux, je trouve. Ça sonne comme... prières et génuflexions. Je ne sais pas, je...

PETRA : Peut-être que ces...concepts...ne veulent rien dire...pour des êtres jeunes. A votre âge je n'aurais pas réagi autrement. (*Marlène apporte un plateau qu'elle pose sur une petite table, devant les deux femmes.*) Merci. Allez-y, servez-vous. (*Marlène retourne travailler à son bureau.*) Mais vous pensez que vous pourriez avoir du plaisir à être mannequin ?

KARINE : Je ne connais pas la profession et tout ce que ça entraîne, mais en principe, pourquoi pas ?

PETRA : Bien. Nous allons discuter de tout cela très concrètement. Bien sûr, pour tout savoir, il ne suffit pas de monter sur la passerelle. Il faudrait que vous soyez disposée à apprendre.

KARINE : Je veux apprendre. Evidemment. Je ne veux rien gratis.

PETRA : Certes, je peux vous faciliter bien des choses. Plus tard, quand vous saurez, vous n'aurez plus à craindre de ne pas trouver un job.

KARINE : Merci.

PETRA : Au début, vous aurez peut-être des difficultés, je veux dire des difficultés d'ordre matériel. Surtout que vous ne gagnerez rien pendant les cours.

KARINE : Vraisemblablement. Je...

PETRA : Je vous aiderai. C'est une offre. Ça ne doit pas échouer pour si peu.

KARINE : Oui. C'est très aimable à vous.

PETRA : Vous savez, ce qu'il y a de bien dans ce métier, c'est qu'on se déplace sans arrêt. J'aime les capitales étrangères, la nuit. Vous aimez voyager ?

KARINE : Ça dépend. Oui. Il me semble.

PETRA : Ça peut être merveilleux. Se déplacer sans arrêt, voir des tas de choses, vivre. Villes étrangères, musiques. Vous aimez les arts ?

KARINE : Les arts ? Je ne sais pas.

PETRA : Théâtre, concert, les beaux films ? Non ?

KARINE : Si. J'aime bien aller au cinéma. Les films d'amour, etc. Les films où l'on pleure. Ça c'est beau.

PETRA, *hésitante* : Oui ? Rien ne nous empêche d'apprendre ensemble. Ça vient tout seul. J'ai eu de la chance avec mes parents, vous savez. Très tôt, ils m'ont rendue sensible aux belles choses de la vie. Comment étaient vos parents ?... Professionnellement, par exemple.

KARINE : Mon père était outilleur.

PETRA : Ah ? Très intéressant.

KARINE : Oui. C'était pas grand-chose. Du travail, pas beaucoup de plaisir. C'est comme ça. Eux, ils n'ont pas eu une vie qui était chouette. Petit appartement, trois enfants, pas mal d'engueulades.

PETRA : Mais vos parents se sont tout de même occupés de vous, comme enfant, je veux dire, réellement ?

KARINE : Occupés, c'est-à-dire... On était là, et à charge. La plupart du temps, du moins.

PETRA : Ma pauvre. Ça a dû être horrible.

KARINE : Oh non. Ils pensaient bien faire, tous les deux. Et en plus ils nous laissaient tranquilles, presque tout le temps. Je trouve ça mieux que quand les parents se mêlent de tout, de ce qu'on a dans la tête, etc.

PETRA : Malgré tout, laisser des enfants livrés à eux-mêmes ? Je ne sais pas. Vous devez savoir que moi aussi j'ai une fille. Bien sûr, moi non plus, je ne peux pas m'en occuper en permanence, mais je sais qu'elle est dans la meilleure école possible, un pensionnat remarquable. C'est rassurant, croyez-moi. J'aimais aller à l'école, pas vous ?

KARINE : Heu... non. Non, je ne crois pas. Je me souviens d'avoir été très contente que ça finisse. Malgré que j'étais assez bonne, je crois.

PETRA : Vous êtes sûrement très intelligente.

KARINE : Intelligente, ça oui. Mais à l'époque je n'aimais pas apprendre. Quand ça m'intéressait, ça allait tout seul, c'était bien.

PETRA : Pour moi aussi. Quand ça m'intéressait, j'étais imbattable. Curieusement, à l'époque, j'avais un faible pour les mathématiques.

KARINE : Moi pas du tout. J'ai toujours été mauvaise en calcul. Au début, ça allait, mais après, avec les lettres et tout ça, j'ai plus rien compris.

PETRA : Curieux. Moi, c'était précisément l'algèbre qui m'attirait, énormément, énormément.

KARINE : L'algèbre, oui ! Non, c'était pas pour moi. J'ai jamais compris pourquoi on donnait une lettre à un chiffre, encore aujourd'hui, je ne sais pas pourquoi.

PETRA : De toute façon, ça n'a pas une très grande importance. Dans la vie il y a des choses plus urgentes.

KARINE : La gymnastique c'était extra. L'athlétisme, surtout l'été. Ou des jeux comme le handball et le ballon-prisonnier. Je n'aimais pas non plus les agrès, les barres fixes ou les barres parallèles. D'ailleurs, j'avais toujours dix-huit en été et dix en hiver.

PETRA : Oui ? Non, là encore, je préférais les agrès. Ça exige... de la discipline. Discipline, encore un de ces mot que les jeunes détestent.

KARINE : La discipline, je ne sais pas, c'est O.K aussi longtemps qu'on fait les choses avec plaisir. Mais quand ça ne marche plus qu'à coup de discipline, etc., ou de contrainte, je ne trouve pas ça bien.

PETRA : C'est drôle, mais... moi, par exemple, pour faire quelque chose, j'ai besoin d'un aiguillon. Avoir besoin d'argent ou une promesse à tenir. Comme ça... sans la moindre contrainte, parfois je serais complètement perdue.

KARINE : Oh oui, je comprends, mais quand ça marche sans, je trouve ça mieux. Mon père, par exemple, il nous emmenait tous les dimanches en excursion à bicyclette. Toute la famille pédalait. Lui en tête, puis maman, puis les trois filles, qui suivaient les vieux. Et lui, devant, roulait incroyablement vite. C'était un homme. Le soir nous arrivions à la maison complètement épuisées, et lui était en pleine forme. Et alors il se disputait avec maman, tous les dimanches, pour rien. Bref, en tout cas, nous étions tous obligés d'y aller, toujours. A chaque fois. Je les aurais sûrement accompagnés de moi-même quelquefois, et avec plaisir, mais comme ça, comme ça, ça ne m'a jamais amusée. Jamais. Encore que, quand on se représente la chose aujourd'hui, c'est très drôle. Papa, maman et trois filles sur des vélos, non ?

PETRA : Oui. En effet. Mais évidemment, c'était brutal de la part de votre père. Et ce n'est pas du tout à ce genre de contrainte que je pensais. Je parle d'une contrainte que l'on accepte, désire et dont on a même besoin. Pour réaliser quelque chose, si vous voulez. Et dans la vie il faut bien arriver à quelque chose. Que font vos parents ?

KARINE : Père et mère sont morts.

PETRA : Je suis désolée pour vous. Surtout les deux.

KARINE : Papa a commencé par tuer maman, puis il s'est pendu.

PETRA : Non ! Quelle horreur !

KARINE : Vous voyez, à présent vous me regardez d'un autre œil. C'est comme ça pour tout le monde. D'abord ils m'aiment bien, puis ils apprennent mon histoire, et fini.

PETRA : Non, Karine, non. J'ai... beaucoup de tendresse pour vous, je... bien plus depuis que je connais votre histoire... on a des dettes envers vous. Disons-nous tu, toutes les deux, oui ?

KARINE : Sûr. C'est bien plus simple.

PETRA : Marlène ! Apporte-nous une bouteille de champagne. (*Marlène sort.*) C'est une brave fille. Elle fait tout mon travail. Mais raconte, comment est-ce arrivé, à...

KARINE : A mes parents ? Ça a été tout simple. Cette histoire... tu ne l'as pas lue dans les journaux ?

PETRA : Non, non, je ne me souviens pas.

KARINE : Papa buvait beaucoup et... non, il ne faut pas la raconter comme ça, parce que... dans sa boîte, un jour, ils ont dit à papa, monsieur Thimm, nous sommes une entreprise de pointe, etc, et là il n'y a plus de place pour les personnes de votre âge. Je ne sais pas les détails, parce que je n'y étais pas, mais en gros c'était ça. Alors il s'est écroulé, il a pleuré et il a cogné dans tous les sens, alors la police de l'entreprise l'a mis à la porte. Là, il est allé se saouler dans son bistrot habituel. Qu'est-ce qu'on peut faire d'autre dans ces cas-là, et papa a toujours beaucoup bu. Après il est rentré, il a égorgé maman et il s'est pendu. Il ne voyait plus de place sur cette terre, pour lui et sa femme. Une histoire toute simple. Après ça, je suis tout de suite partie pour l'Australie. Mais là-bas non plus, c'est pas tout rose. Question chances, etc. Si vous n'êtes pas dans la course comme tous les autres, on vous laisse joliment tomber.

PETRA : Désormais, tout ça va complètement changer, Karine, complètement. Nous allons nous efforcer ensemble de tirer encore quelque chose de ta vie.

KARINE : Ce serait beau. L'espoir, j'y ai déjà renoncé plus d'une fois, juré. Avec mon mari aussi, ça a été une de ces merdes. Il me laissait trimer et n'arrêtait pas de me dire qu'un jour il ferait beaucoup d'argent, etc. Que ça ne durerait plus longtemps. Celui-là, il m'a joliment tapé sur le système.

Marlène apporte une bouteille de champagne, la débouche, remplit deux verres, retourne à son travail.

PETRA : Santé. A nous, que nous sachions exploiter nos possibilités.

KARINE : Santé.

PETRA : Je vois déjà comment vous... tu traverseras la passerelle. Je créerai une collection rien que pour toi. Je ferai de toi un mannequin vedette. Juré ! Tu es belle, Karine. (*Elle la caresse, puis va très vite mettre un disque. « In my room » des Walker-Brothers.*) Tu aimes cette musique ?

KARINE : Si.

PETRA : Ce sont les disques de ma jeunesse, ça me rend très triste ou très gaie. C'est selon. Ça date de l'époque de mon premier mari, tu sais. Ç'a été un bel amour. Quelqu'un a dit, ce sont toujours les belles choses qui durent le moins longtemps, et, tu sais, là-dedans il y a du vrai. Pierre a eu un accident, il adorait conduire. Pierre était...il était beau... mais enragé. Et... il croyait être immortel. Il ne l'était pas. Quand notre fille est née, il était déjà mort. Depuis quatre mois. Ça n'a pas été facile pour moi, la fatalité. Mais tout est écrit d'avance. D'une manière ou d'une autre. J'en suis sûre. Il m'a fallu le supporter. Tu sais, Karine, les êtres sont terribles. Finalement, ils supportent tout. Tout. Les êtres sont durs, brutaux, et pour eux les autres sont interchangeables. Voilà ce qu'ils doivent apprendre. (*Elles attendent la fin du disque.*) Où habites-tu en ce moment ?

KARINE : Hôtel Rheingold.

PETRA : A l'hôtel ? Mais ça doit être cher ?

KARINE : Vingt-sept marks avec le petit déjeuner.

PETRA : Justement. Qui peut se payer ça longtemps ? Tu vas venir chez moi. C'est moins cher et... en plus, c'est beau.

KARINE : Oui ? Je...

PETRA : Non ?

KARINE : Si. Volontiers. C'est que je vais peut-être vous...je vais peut-être te taper sur les nerfs.

PETRA : Je me connais, Karine. Tu ne vas pas me taper sur les nerfs. Je me connais. Je me sens souvent très seule, délaissée. Ça va être la belle vie.

KARINE : Si tu penses que...oui, volontiers. Vraiment. Je...

PETRA : Je t'aime. Karine, je t'aime. Je t'aime. Nous allons conquérir le monde ensemble. Je n'en reviens pas, j'aimerais te caresser, t'embrasser. Je...

Elle l'enlace.

KARINE : Moi aussi je t'aime bien, Petra, je t'aime beaucoup, mais il faut me laisser le temps. S'il te plaît.

PETRA : Je vais te laisser le temps, Karine. Nous avons le temps. Nous avons tout notre temps. Nous avons le temps d'apprendre à nous connaître. Nous nous aimerons ; Marlène, apporte-nous encore une bouteille de champagne. (*Marlène sort.*) Je n'ai encore jamais, encore jamais éprouvé un tel amour pour une femme. Je suis folle, Karine, folle ! Mais c'est beau d'être folle. C'est follement beau, d'être folle.

Black-out.

ACTE III

Tôt le matin ; Karine est encore au lit, Petra est en train de s'habiller. Marlène débarrasse la vaisselle du petit déjeuner, qui était près du lit. Karine feuillette un magazine.

PETRA : As-tu annulé les réservations ?

KARINE : Quoi ?

PETRA : Est-ce que tu as annulé les réservations ?

KARINE : Comment ça ? Je suis encore au lit, si tu permets.

PETRA : O.K. Je vais le faire moi-même.

KARINE : J'y vais. Donne-moi le temps de me lever.

PETRA : Non, je peux très bien le faire moi-même. Et pourquoi pas ? (*Elle va au téléphone.*) Allo ? J'avais réservé deux places dans l'avion pour Madrid, le vingt-cinq. Aux noms de Kant et de Thimm. Karine Thimm, oui ? O.K. Malheureusement, il me faut les décommander. Non, pas pour le moment. Oui. Merci.

KARINE : Au fond, c'est tout à fait inutile. Annuler des réservations. On est là ou on n'est pas là. Au moment voulu, ils le voient bien.

PETRA : C'est une règle de politesse, trésor. Même toi, tu finiras par l'apprendre un jour.

KARINE : Merci.

PETRA : De rien. Marlène ! (*Marlène entre.*) Mes chaussures, vite !

KARINE : Je commence vraiment à croire qu'elle a un grain.

PETRA : Elle n'a pas de « grain », elle m'aime.

KARINE : Je te souhaite bien du plaisir.

Marlène apporte les chaussures.

PETRA : Merci. (*Marlène se met au travail.*) C'est définitif, tu ne veux plus aller à l'école ?

KARINE : Qu'est-ce que ça veut dire, définitif ? J'apprends plus rien.

PETRA : On a toujours quelque chose à apprendre. Ça ne s'arrête jamais.

KARINE : Toi et tes sages principes...

PETRA : Ce n'est pas de la sagesse, c'est de l'expérience. Ecoute, je vais téléphoner pour t'excuser, et tu pourras y retourner. Je crois qu'il vaudrait mieux pour toi que pour une fois tu ailles vraiment au bout d'une chose. C'est toujours payant, je t'assure.

KARINE : Si tu crois.

PETRA : Oui. Je le crois.

KARINE : Dans ce cas.

PETRA : Parfaitement.

KARINE : Sers-moi donc un gin-tonic.

Petra lui sert un gin-tonic.

PETRA : Tu bois trop. Fais attention à ne pas devenir trop grasse.

KARINE : Va te faire foutre.

PETRA : N'oublie pas que ta silhouette, c'est ton capital, c'est tout ce que tu as.

KARINE : Si tu crois.

PETRA : Je ne le crois pas, je le sais. Santé.

KARINE : Santé.

Petra s'assoit sur le lit près de Karine et l'enlace.

PETRA : Je t'aime.

KARINE : Moi aussi.

PETRA : Merde. Moi aussi. Moi aussi. Tu ne peux pas dire je t'aime.

KARINE : Oui, oui.

PETRA : Allez.

KARINE : O.K. Je t'aime bien. Je t'aime.

PETRA : Tu as la plus belle peau du monde.

KARINE : Oui ?

PETRA : Oui. Et les plus beaux cheveux. Et les plus belles épaules. Et... et les plus beaux yeux. Je t'aime, je t'aime, je t'aime. Je t'aime.

KARINE : Laisse-moi, s'il te plaît.

PETRA : Et pourquoi ?

KARINE : Je ne me suis pas encore brossé les dents.

PETRA : Ça ne fait rien.

KARINE : Mais moi ça me gêne. Allez. Et je veux encore lire. S'il te plaît.

PETRA : O.K. Je te laisse tranquille. Si tu es dégoûtée.

KARINE : Je ne suis pas dégoûtée. Mais on ne peut pas se peloter vingt-quatre heures par jour.

PETRA : Si.

KARINE : Ah, Petra.

PETRA : Je pourrais rester éternellement dans tes bras. Je ne comprends pas pourquoi tu es si brutale. Comme si je t'avais fait quelque chose, alors que je me donne du mal, simplement.

KARINE : Je ne suis pas brutale.

PETRA : Pour toi, c'est aussi simple que ça. Tu dis simplement, je ne suis pas brutale. Et quand j'ai besoin de toi, tu me repousses. Karine ?

KARINE : Oui ?

PETRA : Je peux... Je veux encore un peu m'asseoir près de toi. (*Karine ne réagit pas. Petra s'assoit au bord du lit. Au bout d'un moment elle se met à caresser Karine.*) Où étais-tu cette nuit ? (*Karine ne réagit pas.*). Karine ?

KARINE : Oui ?

PETRA : J'ai demandé où tu étais cette nuit.

KARINE : J'ai été danser.

PETRA : Jusqu'à six heures du matin ?

KARINE : Et alors ?

PETRA : C'est que rien ne reste ouvert aussi longtemps.

KARINE : Non ?

PETRA : Avec qui as-tu été danser ?

KARINE : Comment ?

PETRA : J'ai demandé avec qui as-tu été danser, non ?

KARINE : Avec un homme.

PETRA : Ah oui ?

KARINE : Oui.

PETRA : Quel genre d'homme ?

KARINE : Un grand homme noir, avec une grande queue noire.

PETRA : Tiens, tiens. (*Elle va au bar et se ressert un gin-tonic.*) Tu en veux un autre, toi aussi ?

KARINE : Oui, sers-m'en un autre.

PETRA : S'il te plaît.

KARINE : Tu peux ne pas le faire.

PETRA : Je veux le faire. Mais tu pourrais être aimable. Je te prie.

KARINE : Merci, très chère, merci !

PETRA : Comment était-il ?

KARINE : Au lit ?

PETRA : Par exemple.

KARINE : Insatiable.

PETRA : Oui ?

KARINE : Incroyablement. Imagine de grandes mains noires sur ma tendre peau blanche. Et.... ces lèvres ! Tu sais bien, tous les nègres ont de grosses lèvres chaudes. (*Petra porte la main à son cœur.*) Tu t'évanouis, très chère ?

Elle éclate d'un rire énorme.

PETRA, *à Marlène* : Fais pas ces yeux de vache. Va chercher les journaux ! Ouste !

KARINE : Allons, allons, faut pas être hystérique comme ça. (*Marlène sort.*) Tu n'as pas entendu le plus beau.

PETRA : Ne sois pas odieuse.

KARINE : Je ne suis pas odieuse, je dis la vérité, Petra. Nous avions bien décidé, dans le temps, d'être sincères l'une envers l'autre. Mais tu ne le supportes pas. Tu veux qu'on te mente.

PETRA : Oui, mens-moi. S'il te plaît, mens-moi.

KARINE : Bon, c'est pas vrai. J'ai passé la nuit toute seule, à me promener et à réfléchir à nous.

PETRA : Oui ? (*Pleine d'espoir* :) Ce n'est pas vrai ?

KARINE : Bien sûr que non. J'ai bien couché avec un homme. Ça n'a rien de décisif, ou quoi ?

PETRA *pleure déjà* : Non. Non. Bien sûr que non. Mais je ne le comprends pas, vraiment, je ne le comprends pas. Pourquoi... pourquoi...

KARINE : Ne pleure pas, Petra, s'il te plaît.

Ecoute, je t'aime bien, je t'aime... mais... (*Elle hausse les épaules Petra pleure sans retenue.*) Ecoute, c'était évident que de temps en temps j'allais coucher avec un homme. Je suis comme ça. Et puis, ça ne te prive pas. Les hommes, je ne fais que m'en servir. Et rien de plus. Un peu de plaisir et c'est tout. Au début, c'est bien toi qui parlais sans arrêt de liberté, etc. ... C'est bien toi qui disais sans arrêt que nous ne nous étions engagées à rien, l'une envers l'autre. Allons, ne pleure plus, écoute, je te reviens toujours.

PETRA : Mon cœur me fait si mal. Comme si on y avait planté un couteau.

KARINE : Il n'a pas besoin d'être mal, ton cœur. Ce n'est pas nécessaire.

PETRA : *Avoir* mal. Qui est malade sans avoir mal n'a pas besoin du mal pour être malade.

KARINE : Ah, Petra. Bien sûr que je suis pas aussi intelligente que toi, ou aussi cultivée. Ecoute, je le sais bien.

PETRA : Tu es belle. Je t'aime tellement. Tout me fait mal tellement je t'aime. O Dieu, O Dieu. (*Elle va se servir un drink.*) Tu en veux un autre ?

KARINE : Non, il faut bien que je surveille ma ligne.

Elles se regardent, se mettent à rire en même temps, puis s'arrêtent presque en même temps, se regardent un instant, puis Petra se détourne de Karine.

PETRA : Tu le revois ?

KARINE : Qui ? L'homme ?

PETRA : Oui. Ou y en a-t-il tellement ?

KARINE : Arrête.

PETRA : Alors ?

KARINE : Non, je ne le reverrai pas. Je ne sais même pas son nom. En plus, il a parlé d'une mutation ou d'une chose comme ça.

PETRA : C'était un nègre ?

KARINE : Oui. Pourquoi ?

PETRA : Comme ça.

KARINE : Dis, il était vraiment chouette, à toi aussi, il t'aurait plu. Il n'était pas vraiment noir, seulement brun, et avec un visage vraiment intelligent. Il y a comme ça des nègres qui ont des visages vraiment européens, non ?

PETRA : Oui ? Je ne sais pas.

KARINE : Si, y en a. C'en était un. Et il a raconté de très jolies choses sur l'Amérique, etc.

PETRA : Karine, s'il te plaît.

Elle se remet à pleurer.

KARINE : Je m'arrête, je m'arrête. Je pensais que nous avions réglé ça avant.

PETRA : Tu n'es pas obligée d'en rêver.

Elle se ressert un drink.

KARINE : Toi aussi, tu bois pas mal.

PETRA : Que me reste-t-il d'autre ?

KARINE : N'exagère pas, Bon Dieu. Tu es vraiment hystérique.

PETRA : Je ne suis pas hystérique. Je souffre.

KARINE : Tu parles, si tu souffres, c'est que ça te fait du bien, va.

PETRA : Oui, oui, surtout ne te complique pas la vie. Quand on souffre, c'est que ça fait du bien.

KARINE : C'est comme ça.

PETRA : Je préférerais être heureuse, crois-moi.

Je préférerais de beaucoup être heureuse. Tout ça me rend malade.

KARINE : Qu'est-ce qui te rend malade ?

PETRA : Ah, laisse.

KARINE : Allez, dis, qu'est-ce qui te rend malade ?

PETRA : Toi. Tu me rends malade. Parce que je n'arrive pas à savoir pourquoi tu es avec moi, parce que j'ai de l'argent ou que je t'offre une chance ou parce que... parce que tu m'aimes ?

KARINE : Evidemment, parce que je t'aime, merde.

PETRA : Oh, arrête. Personne ne peut supporter longtemps une pareille incertitude.

KARINE : Si tu ne me crois pas, alors...

PETRA : Croire, qu'est-ce que ça veut dire ? Croire n'a rien à faire là-dedans. Bien sûr que je crois que tu m'aimes. Evidemment. Mais je ne suis sûre de rien. Je ne le sais pas vraiment. C'est ça qui me rend malade, c'est ça. (*Marlène apporte le journal, le remet à Petra, puis retourne à son dessin. Petra ouvre le journal.*) Ah ! Voyez-moi ça : la dernière collection de Petra von Kant, une contribution remarquable à la mode de l'hiver prochain. Avec une photo de toi.

KARINE : Non ? Fais voir.

PETRA : Là.

KARINE : Oh, c'est fou. Ça fait bien, non ? Avoue.

PETRA : Oui, très joli.

KARINE : Très joli, très joli. C'est fantastiquement chouette. Ma première photo dans le journal. Oh, c'est fou. (*Elle enlace Petra, l'embrasse.*) Je t'aime. Viens.

PETRA : Ah, laisse tomber.

KARINE : Je veux t'embrasser.

Elles s'embrassent. Le téléphone sonne, Marlène se lève, Petra s'éloigne de Karine.

PETRA : J'y vais. Laisse. Von Kant. (*A Karine* :) Pour toi ! De Zurich.

KARINE : De Zurich ?

PETRA : Oui. Tu connais quelqu'un à Zurich ?

KARINE : Je vois pas. Allo ? Ici, Karine Thimm. Qui... Freddi ! Tu es à Zurich ? Mais qu'est-ce que tu fais à Zurich ? Quand ? A trois heures à Francfort ? Attends, je vais demander. A quelle heure le prochain avion pour Francfort ?

PETRA *regarde sa montre* : Deux heures et demie.

KARINE : Il y a un avion pour Francfort qui part de Cologne à deux heures et demie. Freddi, je vais essayer d'avoir une place, sinon rappelle-moi de Francfort. (*Elle se détourne.*) Je t'aime. Tchao. (*Elle raccroche.*) C'était mon mari ! Freddi est à Zurich. Freddi est en Europe. Essaie de m'avoir une place pour Francfort, allez, s'il te plaît !

Petra se dirige machinalement vers le téléphone, Karine se lève et s'habille.

PETRA : Lufthansa ? Ici Petra von Kant. J'aimerais réserver une place dans l'avion de 14 heures 25 pour Francfort... Complet ?

KARINE : Non ! S'il te plaît, s'il te plaît...

PETRA : En première, il y a encore de la place ? Bien, alors prenez une réservation au nom de Thimm. Trois quarts d'heure avant le départ, je sais. Au revoir.

KARINE : Oh, c'est fou. Freddi est là. C'est fou.

Petra se ressert un drink.

PETRA : Tu as toujours prétendu que c'était fini entre ton mari et toi.

KARINE : Mais il y a si longtemps de ça...

PETRA : Tu aurais au moins pu me dire... pu me dire que... que vous aviez à nouveau des contacts.

KARINE : Mais Freddi est mon mari. Bien sûr que je lui ai écrit.

PETRA : Tu as pourtant prétendu que vous vouliez divorcer.

KARINE : J'ai dit qu'on divorcerait peut-être. En six mois tout le monde change d'avis.

PETRA : Tu sais ce que tu es ?

KARINE : Non, mais à coup sûr, tu ne vas pas tarder à me le dire.

PETRA : Tu es une misérable petite putain.

KARINE : Oui ? Tu crois ?

PETRA : Oui, je le crois. Un petit être répugnant. Rien qu'à te regarder j'ai envie de vomir.

KARINE : Alors tu dois être très contente que je m'en aille.

PETRA : Oh oui. Mais tu t'en vas presque trop tard. Je me demande seulement pourquoi tu n'as pas été directement faire le trottoir.

KARINE : Parce qu'avec toi, c'était moins fatigant, très chère.

PETRA : Oh oui, je comprends ça. Dieu, que tu es odieuse. Comment peut-on humilier ainsi un être quand on voit qu'il se laisse prendre à votre jeu...

KARINE : Je ne t'ai pas menti, Petra.

PETRA : Oh si, tu as menti. Tu n'as rien fait pour que les choses soient claires entre nous, cela suffit.

KARINE : J'ai dit, je t'aime. Ce n'est pas un mensonge, Petra, je t'aime. Je t'aime à ma manière. Il faut que tu me l'accordes.

PETRA : Mais j'aurais pris mes dispositions dès le début, si tu me... Comment un être peut-il être aussi odieux, Karine. Tu as pourtant vu ce qui m'arrivait. Ce qui se passait.

KARINE : Ce n'est pas vrai. Je ne l'ai pas su pendant très longtemps, « ce qui se passait ». Même toi, au début, tu as fait comme si c'était pas sérieux.

PETRA *va vers Karine et l'enlace* : Mais ce n'est pas ma faute si je t'aime. Ce n'est pas ma faute. J'ai besoin de toi, Karine. J'ai tellement besoin de toi. (*Elle se met à genoux, enlace les genoux de Karine.*) Mais je veux tout faire pour toi. Mais je ne veux vivre que pour toi, Karine. Moi je n'ai que toi. Je... je... suis si seule, sans toi, si seule, Karine.

KARINE : Seule - sans... putain ?

PETRA : Oh, pardonne-moi, s'il te plaît, s'il te plaît. Comprends donc ce qui m'arrive. Ne sois donc pas si cruelle.

KARINE : Lève-toi, il faut que je me dépêche.

PETRA : Espèce de sale petit porc.

Elle lui crache au visage.

KARINE : Tu n'auras pas fait ça pour rien. Ça tu ne l'oublieras jamais.

PETRA *essaie encore d'enlacer Karine, mais celle-ci la repousse* : Oh, Karine, mais je ne sais plus ce que je fais. Comprends donc.

KARINE : S'il te plaît, donne-moi de l'argent. J'ai le voyage à payer. Et après pour Francfort : Freddi n'a jamais d'argent.

PETRA : Exact, je ne suis bonne qu'à ça. A payer. O, Notre Père. O.K. Combien. Allez, dis.

Petra va à l'armoire, en sort de l'argent.

KARINE : Cinq cents.

PETRA : Tiens. En voilà mille. Que vous puissiez vous offrir un extra.

KARINE : Cinq cents me suffisent. Vraiment.

PETRA : N'hésite pas à prendre les mille. Plus rien n'a d'importance maintenant. (*Elle va à la table pour prendre les clefs de voiture.*) Marlène, conduis Karine à l'aéroport. Je suis saoule. (*Marlène et Karine se dirigent vers la porte, Marlène sort.*) Karine ! Maintenant, tu vas t'en aller pour de bon, n'est-ce pas ?

KARINE : Oui. (*Petra s'assoit en pleurant. Karine va vers elle, lui caresse les cheveux.*) Je reviendrai, va. (*Petra fait oui de la tête.*) Tchao.

Karine se dirige vers l'électrophone, met un disque. « In my room ». Elle sort. Petra sanglote sans retenue. A la fin du disque :

PETRA : Je suis si stupide, si stupide.

ACTE IV

Petra est seule en scène, elle bute contre le tapis, etc., elle est déjà ivre. L'électrophone joue « The Great Pretender » des Platters. Elle chante, danse. Se ressert un drink. Le téléphone sonne. Elle court décrocher.

PETRA, *pleine d'espoir* : Allo ? Non, ce n'est pas von Kant ici. (*Elle raccroche brutalement, s'assoit dans un fauteuil, boit. De nouveau le téléphone sonne. Elle décroche en hâte. Pleine d'espoir* :) Oui ? Non, non, non, non. (*Elle raccroche.*) Oh, je te hais, hais, je te hais. Je te hais. Je te hais. Si seulement je pouvais mourir. Simplement disparaître. Ces douleurs. Je n'y tiens plus. Je... je... n'en peux plus. O, Notre Père, cette salope. Cette misérable petite salope. Un jour je t'en ferai voir. Je vais te liquider. Mais te liquider. Tu ramperas devant moi, petite putain. Tu me baiseras les pieds. Oh, Bon Dieu, j'en ai plein le cul. Mon Dieu, qu'est-ce que j'ai fait pour mériter ça. Qu'est-ce que j'ai fait. (*Le téléphone sonne.*) Karine ? (*Elle raccroche.*) Mais je t'aime. Ne sois pas si odieuse, Karine ! Oh merde, merde ! J'ai tellement besoin de toi. Appelle, au moins, s'il te plaît. Je veux au moins entendre ta voix. (*Elle pleure, puis va se servir un drink au bar.*) Mais ça ne te coûte rien, d'appeler. Mais cette salope n'y pense même pas. Tout ça c'est calculé. Tout est calculé. Elle me fait attendre parce qu'elle... Oh, tout est si sale. Tu me dégoûtes. Rien qu'une sale petite pute. Et moi je t'aime tellement. Je t'aime si follement. Si tu savais comme ça fait mal. Oh, je souhaite qu'un jour ça t'arrive, à toi aussi. Je souhaite qu'un jour tu sois à bout, toi aussi. Parce que c'est tout différent, vu de près. Tu es si bête, va, bête à manger du foin. La vie pourrait être si belle à deux. Si belle. Tu finiras par piger un jour. Mais alors il sera trop tard. Beaucoup trop tard. Crois-moi, je me vengerai de toi.

On sonne. Petra sort en courant.

GABI : Maman ! Tous mes vœux de bon anniversaire.

PETRA : Oh, Gabi !

Petra, sa fille Gabi et Marlène entrent.

GABI : Mamie n'est pas encore là ?

PETRA : Non.

GABI : J'ai tant de choses à te raconter.

PETRA : Bien sûr, mon enfant, bien sûr. Marlène, fais-nous une tasse de café.

GABI : Tu aurais dû être là pendant le voyage. L'avion était tellement balloté. Je me suis sentie mal. Ah, maman, ça fait si longtemps que je ne t'ai pas vue. Chère, chère maman. Quatre mois. Karine n'est pas là ?

PETRA : Non !

GABI : Non ? Mais elle doit venir ? Ou pas ?

PETRA : Non, je ne pense pas qu'elle vienne.

GABI : Eh bien, ça ne fait rien. D'ailleurs, je ne l'aime pas spécialement.

PETRA : Non ?

GABI : Oh, tu sais, au fond elle est assez... assez vulgaire, non ?

PETRA : Non, elle ne l'est pas.

GABI : Et puis, c'est égal. Ah maman, je suis si malheureuse...

PETRA : Malheureuse ?

GABI : Non, au fond je suis follement heureuse. Oh, maman, je ne sais pas, tout est si difficile...

PETRA : Quoi donc, mon enfant ?

GABI : Maman — je suis tombée amoureuse !

PETRA : Tu es... (*Elle se met à rire follement.*) Non, c'est trop drôle. Tu es tombée amoureuse.

GABI : Je trouve ta réaction épouvantable, maman. Parfaitement petite-bourgeoise, vraiment.

PETRA : Pardon, mon enfant, pardon. Mais pour moi tu étais encore une petite fille. Il va falloir que je m'habitue à ce que tu deviennes une grande personne.

GABI : Oui, s'il te plaît. Oh, maman.

PETRA : Parle, Gabi, parle-moi de ton petit ami, va.

GABI : Justement, c'est ça, maman, il n'est pas encore mon petit ami. Il ne sait pas encore que je l'aime. Il est si obtus, tu n'as pas idée. Ça fait trois semaines que j'essaie de flirter avec lui, et il me snobe carrément. Il fait comme si je n'existais pas. Oh maman, c'est horrible.

PETRA : Ça viendra, Gabi, crois-moi.

GABI : Oh maman, il est si beau... Tu ne peux pas t'imaginer comme il est beau.

PETRA : Si. Il est très grand, mince, avec de longs cheveux blonds, et il ressemble un tout petit peu à Mike Jagger.

GABI : Comment le sais-tu ?

PETRA : Ah, c'est mon secret.

GABI : Oh, maman, tu es si intelligente... J'ai la mère la plus intelligente du monde.

Le téléphone sonne, Petra se lève d'un bond, y court, décroche.

PETRA : Oui ? Non !

Elle raccroche, s'assoit dans le fauteuil, à côté du téléphone, sanglote.

GABI : Maman, maman. Mais qui c'était ? (*Petra pleure.*) Oh, maman, maman ; dis quelque chose, qu'est-ce qu'il y a ? (*Elle pleure elle aussi.*) Ne pleure donc pas, maman, qu'est-ce qui s'est passé ?

PETRA : Rien, Gabi, rien. Arrête de pleurer. Vraiment il ne s'est rien passé. (*Elle se remet à sangloter, puis se lève, va se servir un drink au bar, Marlène apporte le café, mère et fille cachent leurs larmes. Mais Marlène a remarqué que quelque chose n'allait pas et ne s'éloigne pas.*) Maintenant, tu peux aller t'occuper du gâteau et de la crème fouettée. (*Marlène ne s'éloigne pas — Petra hurle* :) Disparais et va t'occuper du gâteau et de la crème fouettée, ou est-ce que tu es sourde ? Disparais !

Marlène sort.

GABI : Pourquoi la traites-tu si mal, maman ?

PETRA : Parce qu'elle ne mérite pas mieux et parce qu'elle aime ça, tu comprends ?

GABI : Non.

PETRA : Bah. On n'a pas à s'inquiéter des domestiques.

GABI : Je ne veux pas me disputer avec toi, le jour de ton anniversaire, mais il faut que tu saches que sur ces questions, je ne suis pas du tout de ton avis.

PETRA : Comme tu veux. Il faut bien que les enfants aient des opinions personnelles. C'est bien comme ça qu'on dit de nos jours, non ?

On sonne. Petra veut se précipiter à la porte, mais Gabi la devance.

GABI : Je vais ouvrir. Laisse. (*Petra, pleine d'impatience et d'espoir, attend. Gabi revient.*) Madame la baronne Sidonie von Grasenabb.

Petra se détourne, un instant on a l'impression qu'elle va broyer le verre qu'elle tient à la main, mais elle se ressaisit à l'instant où Sidonie passe la porte.

SIDONIE : Petra ! Ma bonne !

PETRA : Sidonie !

SIDONIE : Tous mes vœux pour ton anniversaire. Du fond du cœur, Petra. (*Elle lui donne un cadeau.*) Ouvre-le plus tard. Comment va l'école, Gabi ?

GABI : Juste ce qu'il faut, tante Sidonie.

SIDONIE : C'est bien mon avis, trop c'est trop.

PETRA : Marlène ! Une autre tasse, vite !

GABI : Je trouve que maman se conduit mal avec Marlène, toi pas ?

PETRA : Gabi !

SIDONIE : Moi aussi, Gabi, je pense que tu es encore un peu jeune pour pouvoir juger la conduite de ta mère.

GABI : Bon, alors je ne dis plus rien.

SIDONIE : Très chère ! Comment vas-tu?

PETRA : Comment veux-tu que ça aille. Bien.

Marlène apporte une tasse pour Sidonie.

SIDONIE : Merci. Mais raconte. J'ai entendu

parler de ton succès dans les journaux à Milan. Toutes mes félicitations.

PETRA : Tu sais, toute cette merde m'ennuie.

Gabi rit.

SIDONIE : Ne ris pas.

PETRA : Laisse-la rire.

SIDONIE : Je t'en prie. Ta mère dit que tu peux rire.

PETRA : Tu sais, j'en ai jusque-là de ce job. Toujours créer des trucs, aller à droite et à gauche, et avoir peur que ça ne marche pas. Toujours la même chose et pour quoi ?

SIDONIE : Très simple. Parce qu'il faut vivre, Petra. Et parce qu'il faut travailler quand on veut gagner de l'argent, et parce qu'on a besoin d'argent quand on vit.

PETRA : Autrefois, j'avais du plaisir à travailler. Mais ça m'a usée. Rideau. Finito. (*Elle crie* :) Le gâteau ! Elle a décidé de m'embêter, celle-là.

SIDONIE : Je ne crois pas, Petra.

GABI : Si seulement c'était vrai.

SIDONIE : Gabi ! Une bonne occasion de se taire. (*Marlène apporte le gâteau, le pose sur la table, ressort. Un silence plutôt pénible va s'installer.*) Tu as des nouvelles de Karine ?

PETRA : De Karine ? Non, et toi ?

SIDONIE : Oui. Je sais qu'elle a un job chez Pucci.

PETRA : Ah oui, chez Pucci ?

SIDONIE : Oui, oui. C'est que la petite est très douée. Elle fera carrière. J'en suis sûre.

PETRA : Douée ? Elle n'est pas douée, Sidonie, elle sait se vendre.

SIDONIE : Je me demande, Petra, si tu n'es pas

injuste avec elle. Peut-être que cette fois tu juges de façon trop subjective. D'ailleurs, aujourd'hui, elle est à Cologne.

PETRA : Elle est ?... Oh, tu es remarquablement informée, très chère. Vraiment.

SIDONIE : Pour être franche, Karine m'a appelée ce matin, autrement je ne serais pas au courant, moi non plus.

PETRA : Tu as...

SIDONIE : Je lui ai dit que c'était ton anniversaire, naturellement, très chère. Elle a même dit qu'elle essaierait de faire un saut, mais que rien n'était moins sûr, qu'elle aurait terriblement à faire. Eh oui...

PETRA : Elle a terriblement à faire ? Oh oui, je sais.

Elle va au bar, Sidonie la rejoint.

SIDONIE : Ne bois pas tant. Tu dois faire attention à toi, Petra, en ce monde on a si vite fait de glisser.

On sonne. Sidonie et Petra, pétrifiées, fixent la porte, Gabi sort en courant, revient avec la mère de Petra.

VALÉRIE : Ah, Petra, pardon. Impossible, impossible de trouver un taxi. Tous mes vœux pour ton anniversaire. On attend encore quelqu'un ?

PETRA : Non !

VALÉRIE : Ah, alors laisse-nous nous asseoir, tous ensemble, bien gentiment. Sidonie, mon enfant, tu rajeunis de jour en jour.

SIDONIE : Bonjour, tante. C'est comme ça quand on est heureuse, c'est tout simple.

VALÉRIE : Le trafic dans cette ville finira par

me tuer. Vraiment. Comment va l'école, Gabrielle ?

GABI : Ça va.

VALÉRIE : Vous vous êtes disputées ?

GABI : On m'a défendu de parler, mamie.

SIDONIE : Mais ce n'est pas vrai du tout, Gabi.

GABI : Vous m'avez défendu d'avoir une opinion, oui ou non ?

SIDONIE : On ne t'a rien défendu, c'est un pur mensonge.

GABI : Bien sûr que vous m'avez défendu de parler.

SIDONIE : Quelle enfant insupportable.

VALÉRIE : Calmez-vous, les enfants. Soyons gentils les uns avec les autres. (*Petra lance son verre contre le mur. Marlène entre en courant. Puis ramasse les débris.*) Petra !

PETRA : Qu'est-ce que vous pouvez me dégoûter, tous.

SIDONIE *se lève* : Je t'en prie !

VALÉRIE : Assieds-toi, je te prie. Qu'est-ce que tu as, mon enfant ?

PETRA : Vous êtes si menteurs, tous, des porcs, minables et menteurs. Vous n'y connaissez rien.

GABI : Maman !

PETRA : Tu es un enfant repoussant. Je te hais. Je vous hais tous.

GABI : Oh, maman, maman.

PETRA : Ne me touche pas. Marlène, sers-moi un gin-tonic. Si vous saviez comme vous êtes sales. Santé ! Une bande de petits parasites.

VALÉRIE : Mais qu'est-ce qu'elle a ?

SIDONIE : La pauvre.

PETRA : Je ne suis pas la pauvre ; simplement je vous vois avec des yeux neufs. Et ce que je vois me fait dégueuler.

Elle lance le verre.

VALÉRIE : Mais arrête ! Tu vas tout casser dans l'appartement.

PETRA : Et après ? C'est toi qui as travaillé pour ? De ta vie, tu n'as remué le petit doigt. D'abord tu t'es fait entretenir par papa, puis par moi. Tu sais ce que tu es pour moi ? Une putain, maman, une minable, sale petite putain.

VALÉRIE : Oh, Petra, Petra !

Petra renverse la table où était servi le café.

GABI : Maman !

PETRA : Ce que j'ai acquis à la force du poignet, je le casse tant que je veux. C'est clair. Oui ou non.

VALÉRIE : Je n'y comprends rien, absolument rien. Qu'est-ce qu'on t'a fait ?

SIDONIE : Tout ça pour cette fille.

VALÉRIE : Pour quelle fille ?

SIDONIE : Pour Karine.

VALÉRIE : Pour Karine ? Qu'est-ce qu'il y a avec Karine ?

SIDONIE : Mais tout le monde sait que Petra est folle de Karine.

PETRA : Folle ? Je ne suis pas folle, Sidonie. Je l'aime. Je l'aime comme jamais je n'ai aimé dans ma vie.

VALÉRIE : Tu l'aimes ? Tu aimes une fille ? Oh, Petra, Petra.

PETRA : Le petit doigt de cette fille a plus de valeur que vous tous réunis. Oh, Karine, Karine.

GABI : Maman, s'il te plaît, maman.

PETRA : Va-t-en, monstre. Gin-tonic, Marlène. Dix gin-tonic.

VALÉRIE : Ma fille aime une femme. Une femme, ma fille ! O Dieu, quelle horreur.

Le téléphone sonne, Petra se précipite.

PETRA : Karine ? (*Elle raccroche.*) Oh non, non, je n'en peux plus. Je n'en peux plus. Je veux tout casser, tout, tout.

SIDONIE : Calme-toi, Petra.

PETRA : Qu'est-ce que tu veux, tu y trouves pourtant ton plaisir. Un sujet de conversation pour un an. Mais ferme ta gueule. Je me sens mal. Mondieumondieumondieumondieu.

SIDONIE : Je m'en vais. Je ne suis pas tenue d'accepter ça. Vraiment.

PETRA : Mais pars, mais fous le camp. (*Elle la malmène.*) Tu t'imagines que je tiens à toi. Je ne veux plus te voir dans cette vie. Plus jamais, compris. Plus jamais.

SIDONIE : Tu me le paieras, Petra. Ça, tu ne l'auras pas fait impunément.

PETRA : Je n'ai plus rien à payer. J'ai assez payé. Qui d'autre, qui d'autre veut partir ? La porte est ouverte. Mais foutez le camp. Mais foutez le camp, je n'ai plus rien à donner. J'en ai plein le cul. Marlène, du gin, du gin. Ou est-ce que tu veux partir toi aussi ? Sur quoi pleurez-vous ? Sur quoi ? Pourtant vous êtes heureux, tous, tous heureux.

Elle s'effondre.

VALÉRIE : Ah, mon enfant, ma pauvre, pauvre enfant.

PETRA : J'aimerais mourir, maman. J'aimerais vraiment mourir. Pour moi, il n'y a rien sur cette terre qui vaille la peine de vivre. La mort... Là, tout est calme, tout est beau. Et paisible, maman. Tout est paisible.

GABI : Maman. Maman, je t'aime tellement.

PETRA : On prend des cachets, maman, on les met dans un verre d'eau, on les avale et on dort. C'est si bon de dormir, maman. Je ne dors plus depuis si longtemps. J'aimerais dormir, longtemps, longtemps, dormir longtemps.

Black-out.

ACTE V

Petra est assise dans un fauteuil, Marlène, devant un chevalet, dessine. Valérie entre.

VALÉRIE : Gabi dort à présent.

PETRA : Je vais me ressaisir, mère.

VALÉRIE : Devant la peur, l'homme est tout petit.

Valérie va au bar, prépare deux drinks, en apporte un à Petra.

PETRA : Merci.

VALÉRIE : Ça va faire presque trente-cinq ans que tu es née. Gabi a été choquée.

PETRA : Ah maman, je t'en prie.

VALÉRIE : Ce n'est pas un reproche, Petra. Il faut que tu le saches, c'est tout. J'ai été sur la tombe de père, quelqu'un y avait déposé des fleurs. Je ne sais pas qui. C'est la deuxième fois que ça arrive.

PETRA : J'avais peur que tu me méprises à cause de Karine.

VALÉRIE : Je sais. Peut-être même l'aurais-je fait, qui sait. Il y a trente-cinq ans, il pleuvait. La pluie frappait à la vitre.

PETRA : J'ai souvent peur, mère. On est si seul.

VALÉRIE : Maintenant je vais souvent sur la

tombe de père. Bien plus souvent qu'autrefois. Je retourne aussi à l'église.

PETRA : Ces six derniers mois, même le travail ne me faisait plus plaisir. Et toujours la sensation que ma tête allait éclater de douleur.

VALÉRIE : Il faut trouver le courage d'avoir la foi. Nous avons tous besoin de quelque consolation. Tous, Petra. Et... sans Dieu, nous sommes seuls, tous.

PETRA : Non, mère. Ce n'est pas une consolation. Il faut apprendre à aimer sans rien exiger.

VALÉRIE : C'est la même chose, Petra. Croismoi.

PETRA : Je ne l'ai pas aimée. Je l'ai simplement voulue pour moi. C'est passé. Ce n'est que maintenant que je commence à l'aimer. J'ai appris, mère, et ça a fait très mal. Pourtant apprendre, ça devrait être beau, ça ne devrait pas faire souffrir.

VALÉRIE : Il te faudra être bonne pour Gabi. Les enfants sont tellement sensibles.

PETRA : Je sais.

VALÉRIE : Avant de s'endormir, elle a beaucoup pleuré. Il faut que tu lui donnes une chance de réapprendre à te connaître.

PETRA : Ne me fais pas souffrir, mère, qu'est-ce que tu y gagnes ?

VALÉRIE : Ce qu'on sait, on doit pouvoir le dire. (*Le téléphone sonne, Valérie décroche.*) Chez Petra von Kant. Qui ? Un instant, je vous prie. (*Elle met la main sur l'écouteur.*) Karine.

Petra se lève lentement, va au téléphone. Elle prend l'écouteur.

PETRA : Karine ? Merci beaucoup. Bien, oui.

Demain ? Oui. Chez Tchang ? O.K. A demain. Tchao. (*Elle raccroche et reste immobile.*) Maintenant tu peux partir, mère. Je me suis calmée. Je suis à nouveau en paix. Je te téléphonerai. (*Valérie prend ses affaires et sort sans dire un mot. Au bout d'un moment, Petra met un disque des Platters, elle écoute la musique, debout. A la fin du disque* :) J'ai à te demander pardon pour beaucoup de choses, Marlène. A l'avenir, nous collaborerons vraiment, tu auras le plaisir qui te revient. Il faut que tu puisses être heureuse. (*Marlène se lève, va vers Petra, se met à genoux devant elle pour lui baiser la main.*) Pas comme ça. Asseyons-nous. (*Elles s'assoient.*) Parle-moi de ta vie.

Black-out.

LIBERTE A BREME

MADAME GEESCHE GOTTFRIED

(Bremer Freiheit)

Tragédie bourgeoise

Texte français
Philippe Ivernel

Personnages

GEESCHE GOTTFRIED, à la fin chef d'entreprise. MILTENBERGER, son premier mari. TIMM, son père. LA MÈRE. GOTTFRIED, son deuxième mari. ZIMMERMANN, un ami. RUMPF, un ami. JOHANN, son frère. BOHM, un cousin. LOUISA MAUER, une amie. LE PÈRE MARC.

L'action se passe à Brême vers 1820.

Geesche. Miltenberger.

Les enfants pleurent.

MILTENBERGER : Le journal... Café... Schnaps... Ferme la fenêtre... La paix !... Une tartine de saindoux... Du sel... le 31.10.1814 sera inhumée notre mère bien-aimée, Clara Mathilde Beez, née Steinbacher, que le bon Dieu nous a... Schnaps... La paix !... Ces criailleries me tuent... encore du café... donc la décapitation aura lieu vendredi prochain, le 3.11.1814, Place du marché... Schnaps... Quand je dis schnaps, femme, ce n'est pas une goutte, mais la bouteille... Santé... Cigare... Du feu, ah voilà... Quelle chaleur... Seulement une soirée tranquille dans ce ménage... La paix !... Ferme la fenêtre... Tiens, encore une apparition à Brême... Ah, on n'a pas idée de chauffer si fort... Il se passe sans arrêt des choses étranges dans cette ville... Prépare le somnifère, mes maux de tête... La paix !... Ma potion.

GEESCHE : Je veux coucher avec toi.

Il la dévisage — long silence menaçant — puis pose son journal de côté, se lève lentement, s'avance vers Geesche, un moment on dirait presque qu'il va la prendre dans ses bras, puis il la frappe avec une brutalité inouïe, jusqu'à ce qu'elle s'écroule à terre en sanglotant, il se dresse au-dessus d'elle.

On frappe. Miltenberger ouvre la porte. Entrent Gottfried, Zimmermann et Rumpf. Ils sont dans un état d'ébriété avancé, Gottfried aperçoit Geesche, se dirige vers elle.

ZIMMERMANN : Frère, ta maison était sur notre chemin.

RUMPF : Et dans cette maison il y a du schnaps, comme si on le distillait sur place.

MILTENBERGER : Pour mes amis, sans aucun doute. Mettez-vous à l'aise.

ZIMMERMANN : On ne se le fait pas dire deux fois. Dans la froide nuit de Brême.

GOTTFRIED : La femme ? Elle gît par terre et pleure.

MILTENBERGER : La femme a un accès de faiblesse. Geesche ! Schnaps !

Geesche se redresse lentement, échange un regard avec Gottfried, sort chercher le schnaps.

RUMPF : Assieds-toi, Michael Christoph, assieds-toi. Il faut fêter les fêtes comme elles viennent.

ZIMMERMANN : La maison de Leni la rouge est fermée.

MILTENBERGER : Fermée ?

RUMPF : Fermée ! On a découvert que trois des femmes avaient une maladie contagieuse.

MILTENBERGER : Une...maladie contagieuse ?

RUMPF : La maladie du plaisir, Johann Gerhard.

MILTENBERGER : Du plaisir...non, c'est...quelles femmes ?

ZIMMERMANN : Carmen.

MILTENBERGER : Non.

ZIMMERMANN : Gesine.

MILTENBERGER : Non.

ZIMMERMANN : Marliese Annegret.

MILTENBERGER : Non plus.

RUMPF : Nous tous ! Tous non !

ZIMMERMANN : Il y a pourtant plus d'un bon bourgeois à Brême pour engendrer des rejetons syphilitiques.

Rires énormes.

MILTENBERGER : Geesche ! (*Geesche revient précipitamment, elle s'est visiblement un peu arrangée. Elle sert le schnaps.*) Mets-toi à genoux et prie pour la prospérité du père de tes enfants.

Geesche s'agenouille devant le crucifix, entre en prière, les autres rient.

ZIMMERMANN, *d'entre les rires* : Un homme zigouille la mère de ses enfants en l'étranglant à mains nues, naturellement elle a les yeux qui lui sortent de la tête, alors froidement il lui dit, quoi femme, t'as jamais vu ça.

Eclats de rire, ils ingurgitent tous des quantités considérables de schnaps dans de grands verres à eau.

MILTENBERGER : Un homme couche avec une femme, il lui mord les têtons. Et après il lui dit, ne prétend pas que l'enfant est de moi. Quel enfant ? Oui, t'es enceinte, t'as déjà une montée de lait. Du lait ? Jamais de la vie, ça n'était qu'un furoncle, merci bien ! (*Tous éclatent de rire, sauf Gottfried.*) Moi, ma femme m'aime, vous devriez voir comment. Geesche ! Viens ici. Dis, je t'aime.

GEESCHE : Je t'aime.

MILTENBERGER : Dis, j'ai envie de toi.

GEESCHE : J'ai...

Elle s'enfuit, il court derrière elle, l'étreint et l'embrasse.

MILTENBERGER : Et maintenant !

GEESCHE, *tout doucement* : J'ai envie de toi.

Tous éclatent de rire. Geesche pleure.

MILTENBERGER, *se rasseyant* : Elle connaît son seigneur et maître, la femme. Va chercher du schnaps. (*Geesche sort.*) Elle sait ce qu'humilité veut dire, la femme. Mais au lit, par tous les diables, elle se déchaîne comme une jument folle, cette femme-là. Elle est faite pour un gaillard de ma force.

Geesche revient et pose la bouteille sur la table. Miltenberger l'empoigne, l'embrasse, elle se défend légèrement, il ne lâche pas prise. Ils continuent tous leur beuverie.

RUMPF : Vendredi a lieu une exécution. Singulièrement excitant, le moment précis avant que la tête...

ZIMMERMANN : Souvent je me suis retrouvé dans mon lit en train de penser : que pense le coupable à cet instant-là, que ressent-il, que... de quoi devenir fou.

GOTTFRIED : Je rentre, maintenant. La journée a été longue.

Il se lève, suivi par les autres.

RUMPF : Bon. A demain, Johann Gerhard. Les affaires, le travail. Eh oui.

ZIMMERMANN : A la prochaine.

Ils prennent tous congé les uns des autres. Les trois hommes disparaissent.

MILTENBERGER : Viens, Geesche. (*Elle ne bouge pas. Il s'approche d'elle en titubant. Elle essaie de lui échapper, mais il l'attrape, la serre, la palpe. Elle montre ouvertement sa répulsion.*) Ne déraille pas, femme, tu as encore besoin d'apprendre qui est le maître des lieux, et qui a droit au désir.

Il la tire et la traîne dans la chambre à coucher, la bat de nouveau pour l'embrasser ensuite.

Changement d'éclairage, ou quelque chose d'autre.

Miltenberger revient, poussant des hurlements entrecoupés de pleurs.

MILTENBERGER : Au secours ! Je brûle. Geesche ! Geesche ! (*Geesche entre à son tour, considère tristement son mari qui ne se tient plus de douleur.*) Aide-moi donc. Va chercher un médecin !

GEESCHE *hoche lentement la tête, puis s'agenouille devant le crucifix et se met à chanter* :

Adieu ô monde — lasse de toi
Je veux monter au ciel
Enfin la vraie paix régnera
Le repos de l'âme éternel.
Ô monde tu n'es que discorde, guerre sans pitié
Et rien que vanité
Au ciel à jamais la paix
La joie et la félicité.

Pendant que Geesche chante, Miltenberger meurt dans d'horribles hurlements, presque bestiaux, en balbutiant quelques bribes de mots.

MILTENBERGER : Geesche... le médecin... je t'aime... Geesche... tu peux... Geesche... mon ventre... la... la... la mort.

Geesche se retourne, se signe devant le cadavre de son mari, s'agenouille pour une prière muette, puis traîne Miltenberger hors de scène.

Le père de Geesche, Timm, fait son entrée, en tenue de deuil ; très agité, il marche de long en large.

TIMM : Mon très cher... je voudrais vous faire part... la croix de la mort... Ainsi donc le bon Dieu a... La souffrance et les larmes... fièvre bilieuse... encore une fois... le premier de ce... Geesche !

Entre Geesche, également de noir vêtue.

TIMM : Tu te fais sérieusement attendre.

GEESCHE : Excuse, père.

TIMM : Assieds-toi. (*Geesche s'assied à la table, prend une plume et du papier.*) Le premier de ce mois... mon... mon époux tant aimé... à jamais inoubliable... est parvenu au terme... (*Entre la mère de Geesche, Geesche court vers elle, elles se jettent dans les bras l'une de l'autre en sanglotant.*) Assieds-toi, Geesche. Le travail d'abord. (*Geesche s'assied. Sa mère s'accroupit sur un escabeau, pleure sans bruit dans son coin.*) Où en étions-nous ?

GEESCHE : Mon époux tant aimé à jamais inoubliable...

TIMM : Mon époux tant aimé à jamais inoubliable, virgule, Johann Gerhard Miltenberger, virgule, qui achevait à peine sa, combien ?

GEESCHE : Trente-trois.

TIMM : Qui achevait à peine sa trente-troisième année, virgule, après... (*il compte*) sept ans de vie conjugale heureuse, virgule, bénie de quatre enfants, virgule, dont deux l'avaient précédé, virgule, est parvenu au terme de son existence terrestre victime... d'un accès de fièvre bilieuse, oui, point. Convaincue, ouvrez la parenthèse, même en l'absence de témoignages de condoléances, fermez la parenthèse, que tous ceux qui l'ont connu trouveront... légitime la douleur éplorée que, virgule, devant son cercueil, virgule, avec ceux qui eurent la joie de le fréquenter de près, virgule, je, comment dire, je manifeste ? manifeste, virgule, j'ajouterai seulement... et les affaires, comment vont-elles continuer ?

GEESCHE : Je demanderai à Michael Christoph Gottfried, père.

TIMM : Un homme comme il faut, Geesche, pour la transition. Ensuite, mon enfant, on cherchera un remplaçant définitif. Bien. Où en étions-nous ?

GEESCHE : J'ajouterai seulement...

TIMM : Ah oui. J'ajouterai seulement à ce faire-part qu'un sujet de valeur reprendra les affaires du défunt, virgule, et que je m'efforcerai, virgule, pour ma part, virgule, de répondre à la confiance de ceux qui voudront bien m'honorer de leurs aimables commandes. Point. Geesche Maria Miltenberger, virgule, née Timm.

GEESCHE : Oh mère !

Elle bondit, court vers sa mère. Elles s'étreignent. Le père vérifie le texte. On frappe. Le père ouvre. Entrent Gottfried, Zimmermann, Rumpf, madame Mauer, d'autres encore éventuellement, qui viennent présenter leurs condoléances.

MAUER : Geesche ! Très chère, pauvre !

GEESCHE : Louisa.

Rumpf interrompt les deux femmes qui s'étreignent.

RUMPF : Très honorée madame, je voudrais vous promettre toute l'amitié, l'affection et le soutien que vous méritez.

GEESCHE : Merci, Rumpf, merci.

ZIMMERMANN : Je me joins. Mes sincères condoléances.

GOTTFRIED : Les miennes...

Il lui serre silencieusement la main, tous deux se regardent.

GEESCHE : Une question, Gottfried, les affaires de mon mari, êtes-vous prêt, provisoirement du moins,... s'il vous plaît.

GOTTFRIED : Je vais y... Oui, madame, oui.

Ils restent, comme pétrifiés, les yeux dans les yeux, tous sauf Geesche et Gottfried quittent la scène. Une fois que la scène est vide :

GEESCHE : Je t'aime. (*Ils s'étreignent et s'embrassent.*) Je... J'ai... Je t'ai... tant attendu... Michael.

La lumière s'allume etc., et ainsi de suite.

Même configuration à peu près qu'au début, entre Geesche et Miltenberger.

GOTTFRIED : Arthur, il est trop lent. Travaille pas assez.

GEESCHE : Il est capable.

GOTTFRIED : Capable, oui, Geesche, mais lent... Café... Quand un individu est aussi lent, malgré ce qu'il a appris, Geesche, la tête du patron doit se mettre à penser.

GEESCHE : Dis, que pense ta tête ?

GOTTFRIED : Je pense que l'entreprise, il faut l'agrandir, de toute façon. Celui qui ne cherche pas à s'élever est proche de la mort, c'est-à-dire de la fin. Je pense donc que nous allons engager un deuxième sellier. Arthur fera le travail de qualité pour les vieux Brêmois installés, et l'autre le travail rapide pour le client rapide qui repart bientôt.

GEESCHE : Un deuxième sellier ? Il voudra être payé, Michael, il aura besoin de se loger, besoin de manger.

GOTTFRIED : Réfléchis, quand on peut vivre sur un sellier, on doit pouvoir vivre beaucoup mieux sur deux.

GEESCHE : C'est évident. Pourtant...

GOTTFRIED : Pas de pourtant, pas de mais, Geesche, j'ai pesé aussi les difficultés. Il faut étendre la clientèle d'habitués qui garantit la sécurité, c'est clair. Comment, on aura encore à y réfléchir. En tout cas, le surplus de commandes nécessaire pour que le deuxième ouvrier nous fasse du profit se laisse très facilement calculer... Un papier... Pour l'instant, les commandes tournent autour de mille thalers par mois, à vrai dire c'est déjà trop pour un seul homme. Le bail, deux cents thalers, la force de travail deux cent-cinquante thalers, plus cinquante thalers de matière première, reste pour nous cinq cents thalers par mois. Chaque heure de travail effectuée par Arthur lui rapporte — quinze heures par jour pendant vingt-cinq jours égale trois cent quatre-vingt-dix — lui rapporte soixante cinq groschen, donc le double pour nous égale cent trente groschen. Tu suis ?

GEESCHE : Presque.

GOTTFRIED : Je recommence. Quand Arthur travaille une heure, il gagne soixante-cinq groschen et toi cent trente. Avec deux ouvriers au lieu d'un, le patron débourse cent trente groschen par heure, il en encaisse deux cent soixante.

GEESCHE : C'est aussi simple. Grandiose.

GOTTFRIED : Ton mari n'était qu'un imbécile. Comment peut-on, quand on a des capitaux de réserve, se coller soi-même à l'établi. L'économie qu'il a faite sur le salaire, il l'a vite payée de sa santé… Café. (*Geesche va lui chercher du café, le pose devant lui.*) Le journal… La paix !

Geesche lui apporte le journal.

GEESCHE : Je t'aime !

Gottfried ne réagit pas, elle passe derrière lui, caresse ses cheveux

GOTTFRIED : Je t'en prie, Geesche. Nous sommes en plein jour. L'amour est réservé à la nuit.

On frappe. Geesche ouvre. C'est sa mère. Elles s'étreignent, s'embrassent. Gottfried pose son journal de côté, prend congé, sort.

GEESCHE : Meilleurs vœux d'anniversaire, mère.

LA MÈRE : Geesche ! Geesche.

GEESCHE : Mère ?

LA MÈRE : Le tourment que je me fais pour ton père, mon enfant !

GEESCHE : Pour père ?

LA MÈRE : Et pour moi aussi, car mon dialogue avec Dieu est compromis. J'ai parlé avec lui et me suis accusée d'une faute.

GEESCHE : Quelle faute ?

LA MÈRE : La faute de laisser mon enfant vivre contrairement aux bonnes mœurs.

GEESCHE : Mère !

Geesche essaie d'étreindre sa mère, celle-ci la repousse.

LA MÈRE : Non, Geesche, arrête. Tu vis avec un homme sans le sacrement auquel un chrétien ne saurait renoncer. Tu es une mauvaise mère de ne pas épargner cette honte à tes enfants.

GEESCHE : Ecoute, mère. Je n'en fais pas plus que mon sentiment ne m'y autorise. Je l'aime et ne commets aucun mal.

LA MÈRE : Qu'une femme... une femme...

GEESCHE : Aime l'homme, mère, dis-le.

LA MÈRE : La femme doit tuer cette pensée, si elle en est assaillie. Mon enfant. Quand tu étais toute petite, ne t'ai-je pas expliqué sans cesse en quoi consistent pour une femme l'ordre et la décence. Tu ne peux tout de même pas comparer ton cerveau au cerveau de l'homme.

GEESCHE, *dans un cri* : Ce n'est pas vrai ! Mère, tu as passé toute ta vie dans l'erreur.

LA MÈRE : Geesche ! Tu pèches.

GEESCHE : Non, mère, non. Ce que j'ai à déclarer n'est pas un péché. J'aime un homme et l'ai toujours aimé.

LA MÈRE : Geesche !

GEESCHE, *de plus en plus fort et de plus en plus intensément* : Je l'aime, mère, et ce que dit le monde m'est égal. Je veux être montée par cet homme. (*La mère crie sans interruption « Geesche, tais-toi », court vers la porte, mais Geesche lui barre le chemin.*) Pas maintenant, pour l'instant tu restes ici et tu m'écoutes. Je veux l'homme dans mon lit, je ne couche pas avec le sacrement, je couche avec des bras, des épaules, je couche avec des jambes, mère, avec...

LA MÈRE : Geesche !

GEESCHE : Non, mère, ce que vous dites ne m'atteint pas. J'ai une volonté, mère, que je connais et que je sais imposer. Qu'y puis-je, moi, si tu as gaspillé ta vie pour des choses qui ne sont pas tiennes.

Long silence.

LA MÈRE, *tout à fait calmement* : Le péché est

écrit sur ton visage, Geesche, ce que tu viens de dire, le tribunal le qualifierait d'hérésie.

GEESCHE : Mère, assieds-toi près de moi, je pose ma tête dans ton giron et suis ton petit enfant comme autrefois. Viens, mère, je t'en prie. (*Elles vont s'asseoir, Geesche pose sa tête dans le giron de sa mère.*) Vois, mère, tu veux pourtant que ta fillette soit heureuse.

LA MÈRE : Ah Geesche, tu sais bien aussi que le bonheur vient seulement de Dieu. Seul celui qui respecte les commandements qu'il a donnés sera heureux. Le bonheur en ce monde fait obstacle au bonheur de l'éternité.

GEESCHE : Mais c'est maintenant que je vis, maman. Qui donne une garantie aux humains pour la vie d'après la mort.

LA MÈRE : Tu es déjà entièrement possédée par les esprits du mal, Geesche, l'impie ne vaut plus la querelle.

Elle pleure.

Geesche se lève lentement, vient se mettre devant le crucifix, se signe, puis se dirige vers le foyer.

GEESCHE : J'ai du café. Je t'en donne une tasse, mère.

Geesche tend la tasse à sa mère, on ne peut discerner si elle y verse ou non quelque chose.

LA MÈRE : Il faut que mon enfant soit une impie, mon enfant ! Quel péché ai-je commis pour mériter cela. (*Elle avale ce texte en lampant son café.*) Ma tête vacille, je rentre chez moi pour pleurer. Je parlerai à Dieu pour qu'il ne se montre pas trop cruel envers l'enfant qui le calomnie.

La vieille femme sort en pleurant et en titu-

bant. Geesche jette le reste du café, vient s'agenouiller devant le crucifix, se met à chanter.

GEESCHE :

Adieu ô monde — lasse de toi
Je veux monter au ciel
Enfin la vraie paix régnera
Le repos de l'âme éternel.

Le père arrive en courant, totalement hors de lui.

TIMM : Geesche, mère est morte.

Geesche se retourne lentement, puis s'évanouit.

Son père l'emporte hors de scène, très tendrement.

La lumière s'éteint, etc.

Gottfried entre en scène, il lit le journal.

GOTTFRIED : La paix ! Je commence à en avoir assez. La paix ! (*Geesche arrive à son tour, vêtue de noir. Très humble. Gottfried la regarde. Elle détourne les yeux, s'assied et pleure.*) Il s'y connaît, ton père. Ecoute un peu. Le deux de ce mois, jour anniversaire de sa naissance, ma chère épouse bien aimée, Geesche Margarethe Timm, née Schäfers, est parvenue au terme de sa vie active, victime d'une inflammation interne. La paix !

GEESCHE : Michael !

GOTTFRIED : C'est vrai, quoi. Bon Dieu.

GEESCHE : Michael !

GOTTFRIED : J'ai vécu, parmi les multiples vicissitudes du bonheur domestique, trente-deux ans avec elle, dans l'heureuse harmonie d'un mariage comblé, que deux naissances ont béni. Sa perte irremplaçable ici-bas me cause une douleur inconsolable. Seuls la confiance en la divine Providence et l'espoir d'une vie meilleure peuvent encore donner sens au reste de mes jours, que j'entends consacrer à mes enfants et petits-enfants. Brême. Johann Timm. Du travail propre. C'est ça, Geesche, qui augmente le chiffre d'affaires.

Elle se retourne lentement vers lui, lève le regard...

GEESCHE : Peux-tu te représenter la vie de notre mère, Michael ? Non ? Père écrit : « dans l'heureuse harmonie d'un mariage comblé ». Oh non, ce ne fut pas un bonheur à longueur de vie, que mère a connu. Le bonheur qu'elle avait en vue se trouve au Royaume des cieux, car ici-bas, elle était l'animal domestique de père, elle avait à exécuter ce qu'on lui commandait. Sa liberté, c'était son dialogue avec Dieu. Voilà ce qu'on appelle ensuite un mariage comblé. Parce qu'un de ces deux êtres n'avait jamais de volonté propre, et restait suspendu aux désirs de l'autre, qui pouvait l'aimer ou le battre à son gré. C'était commode pour papa, voilà ce qu'il appelle maintenant une perte. Ce n'était pas une vie, Michael, que mère a menée, la mort est un bonheur pour un être humain, dans ces conditions.

GOTTFRIED : Du café et du pain... Tu penses trop pour une femme. Ça fatigue la tête, Geesche, ça donne des cheveux gris, des rides. (*Elle se retourne, le regarde longuement. Il est occupé avec le journal.*) Geesche ? !

GEESCHE : Oui ?

GOTTFRIED : Je... je le dis sans plaisir et sais que... égal... Je vais de nouveau me chercher une maison en propre. (*Geesche porte la main à son cœur, un tout petit geste.*) Je ne peux supporter le vacarme des enfants, Geesche. J'ai besoin aussi d'une femme qui me donne des enfants à moi. Je ne peux supporter, Geesche, de voir les enfants d'un autre homme à la maison. Il y a tant de choses que je ne peux supporter, Geesche, j'ai besoin d'une fille jeune, encore inexpérimentée, qui n'en aie pas tant dans la tête, vois-tu, qui soit gentille et travailleuse. Je continuerai à te mener ton affaire, aussi longtemps que tu le jugeras nécessaire, mais... (*il la regarde*)... hum.

GEESCHE, *entre l'hystérie et l'évanouissement, avec une intensité inouïe :* Tu as dit que tu m'aimais. Souvent.

GOTTFRIED : Oui, Geesche, mais...

GEESCHE : Non ! Tu m'aimes, dis-tu, et puis tu dis que tu ne peux en supporter tant. Oui ?

GOTTFRIED : Oui, Geesche. Je t'aime. J'aime ta passion, j'estime l'intelligence de ton cerveau, et pourtant...

GEESCHE : Qu'y a-t-il au monde de plus important qu'un amour ? Tu trouves un être que tu aimes, crois-tu donc que ce soit si fréquent. C'est si rare, Michael, qu'il y a de quoi désespérer.

GOTTFRIED : Le cours du monde n'est pas réglé par l'amour. Sur ce point, la tête de la femme est légèrement dérangée.

GEESCHE : Non, Michael, la vie qu'on mène n'est supportable qu'avec une patrie. La patrie d'une femme, c'est l'homme.

GOTTFRIED : Tu es désespérée, Geesche. Tu te retrouveras.

GEESCHE : Tu es ignoble. O Dieu, que tu es ignoble.

GOTTFRIED : Crois-moi, rien ne se mange aussi chaud qu'on ne le cuit, rien.

GEESCHE, *simplement* : En as-tu déjà une ?

GOTTFRIED : Non, Geesche. Mais je vais ouvrir les yeux, connaître des filles, les soupeser. Je rejetterai ce qui ne fera pas le poids. (*Geesche se suspend à son cou, pleure, il la caresse.*) Calme-toi. Le bonheur te sourira de nouveau, à toi aussi. Tu apportes de l'argent, une affaire. Crois-moi, c'est attirant... L'affaire tourne, donne un bénéfice substantiel, peut se développer. Geesche ! Il se trouvera un homme appelé à devenir tout pour toi.

GEESCHE : C'est toi que j'aime. J'aime tes mains, je veux être caressée par toi. Je veux te sentir en moi, ta passion m'est nécessaire. La seule idée de ton départ me cause une douleur inouïe. As-tu déjà éprouvé cette douleur que le désespoir creuse au ventre ? Jamais ? Il le faut, tu verras beaucoup de choses autrement. (*Silence.*) Ne m'abandonne pas.

GOTTFRIED : Ecoute, Geesche, j'aspire à une autre vie. Je suis un homme, et un homme a des désirs qu'il est difficile de faire admettre à la femme. Ne peux-tu ressentir à ma place ce besoin d'un enfant à soi ?

GEESCHE : Mais nous pouvons avoir des enfants à nous ! Nous ne sommes pas stériles, toi et moi. Qu'est-ce qui nous empêche d'avoir un enfant, Michael ?

GOTTFRIED : Dieu, Geesche, je n'aimerais pas voir mes enfants grandir parmi ceux de ton mari. Je voudrais leur bâtir un foyer à eux, une existence qui les rende fiers et les mette debout.

GEESCHE : Je ne comprends plus le monde.

Voilà deux êtres qui s'aiment, et ils n'ont aucune issue.

GOTTFRIED : Tu pourras oublier. Je sors en ville, maintenant, pour boire quelque chose. A bientôt.

GEESCHE : Ne t'en va pas.

Gottfried se retourne sur le seuil, hoche la tête, puis s'en va. A l'extérieur les enfants crient et pleurent, Geesche s'effondre en larmes, puis se ressaisit, sort voir les enfants qui un moment après se remettent à crier de plus belle. Geesche revient. S'agenouille devant le crucifix, se met à chanter. Au milieu de la seconde strophe, les enfants font tout à coup silence. Un silence de mort.

GEESCHE :

Adieu ô monde — lasse de toi
Je veux monter au ciel
Enfin la vraie paix régnera
Le repos de l'âme éternel.

O monde tu n'es que discorde guerre sans pitié
Et rien que vanité
Au ciel à jamais la paix
La joie et la félicité.

J'irai un jour là-bas
Délivrée de la maladie
Toute douleur disparaîtra
Je reposerai en Dieu au sein de l'harmonie.

Monde tu es l'angoisse et la misère
Et puis enfin la mort amère
Mais là-haut règnent de toute éternité
La paix la joie et la félicité.

La lumière s'éteint etc.

Silence.

Geesche, Timm et Gottfried reviennent de l'enterrement des enfants.

TIMM : Cette maison mérite bien le malheur qui la frappe.

GEESCHE : Père !

TIMM : Je sais ce que je dis, Geesche. Quand on enfreint ses commandements, Dieu punit.

GEESCHE : Tais-toi, maintenant. Tu es un vieillard, et ne comprends plus rien au monde. Rentre chez toi.

TIMM : Oui. C'est ainsi que les enfants parlent aujourd'hui à leurs parents. L'âge n'est plus respecté, le savoir et l'expérience importunent. Non, Geesche, jamais tu ne trouveras le repos de cette façon.

GEESCHE : Le repos, père, c'est la mort. Je voudrais vivre, père, je ne puis aspirer au repos.

TIMM : Je n'ai pas rencontré de femme, dans mon existence, qui ait jamais parlé de la sorte. Qu'ai-je donc fait pour que mon enfant, justement, tienne tête à son père de manière aussi blasphématoire ?

GEESCHE : Je ne tiens pas tête. J'ai une opinion, père.

TIMM : La femme qui a une opinion personnelle ignore les lois qui le lui interdisent. Et vous, Gottfried, vous n'avez rien à me dire ? (*Silence.*) Le silence est assez éloquent. Vous avez pris pied dans une affaire, considérez encore l'avantage qu'elle vous offre, vous en vivez, et bien. Il serait nécessaire de proposer le mariage à une femme qui vous permet de vivre aussi facilement, l'intérêt que vous prenez à son existence ne va pas jusque-là. Vous faites de ma fille une putain, elle est trop stupide pour s'en apercevoir, mais vous qui êtes un homme, vous avez de la raison. Ce que vous faites, on l'appelle, avec la morale du cœur : crime !

GEESCHE : Père !

TIMM : N'interromps pas les conversations entre hommes. Vous n'avez rien à me répondre ? Gottfried ! Moi qui croyais fermement que vous étiez un homme d'honneur.

GEESCHE : Laisse, père, je t'en prie. Il prendra une décision quand il le pourra. Il n'est pas encore à même de s'engager dans une liaison durable.

TIMM : Est-ce un homme, celui qui s'explique par la bouche de la femme ?

GEESCHE : Ah, père, laisse-nous donc organiser notre vie comme nous le pouvons. Nous respecterons les lois, certainement.

TIMM : Je ne dirai plus rien ici, c'est trop inutile. Tant de mépris dans ces deux têtes pour la morale régnante, il ne peut en sortir qu'une succession de malheurs et de souffrances. Et moi, je vous souhaite que les larmes que vous devriez verser vous fassent réfléchir.

GEESCHE : Oh, père.

TIMM : Tant que l'ordre ne sera pas revenu dans cette maison, tu n'as plus de père, ne l'oublie pas. Tu es maintenant seule au monde, mon enfant, cet homme ne cherche qu'à t'exploiter, il n'est pas disposé à donner.

Timm sort fatigué, hochant la tête.

GEESCHE : Père ! Pardonne-lui, Michael ? Les épreuves de ces dernières années lui ont troublé l'esprit. Elles l'ont rendu injuste. Son beau-fils d'abord, sa femme, et maintenant deux petits-enfants, alors, la raideur l'emporte. Pardonne-lui, je t'en prie.

GOTTFRIED : Oui, Geesche. Je lui ai déjà pardonné. Certainement.

Silence.

GEESCHE : Michael ?

GOTTFRIED : Oui ?

GEESCHE : Au fond... mon père... il n'a pas tort.

GOTTFRIED : Que veux-tu dire ?

GEESCHE : Je veux dire que... au fond... si toi et moi... nous...

GOTTFRIED : Le mariage ? (*Geesche approuve d'un signe muet.*) Non, Geesche. Pas maintenant, et pour être sincère, jamais peut-être. Je m'y perds avec toi, dans mes sentiments réels. Je sais que je t'aime, et pourtant...

GEESCHE : Pourtant ?

GOTTFRIED : Je peux concevoir ma vie sans toi. J'ai toujours cru que lorsqu'on s'aimait, d'un vrai et grand amour, on ne pouvait concevoir la vie l'un sans l'autre.

GEESCHE : Je ne le peux pas. Seulement moi... je ne compte pas.

GOTTFRIED : Détrompe-toi. Tu comptes. C'est bien pourquoi je suis là, je respecte ton amour et ta souffrance. Sinon je serais parti. Je me suis dit, elle vient d'enterrer ses deux enfants, ce n'est pas le moment de la laisser tomber à ton tour. C'est à toi que j'ai pensé, pas à moi. Je t'aime bien, à ma manière, certainement.

Geesche s'est mise à sangloter doucement pen-

dant qu'il parlait. Gottfried s'approche d'elle, la prend dans ses bras, la caresse.

La lumière s'éteint, ou quelque chose de la sorte.

La lumière s'allume.

Geesche et Gottfried se tiennent enlacés, comme à la fin de la dernière scène.

GEESCHE : Nous allons avoir un enfant.

Gottfried la flanque sur le sofa.

GOTTFRIED : Répète cela.

GEESCHE : Nous allons avoir un enfant, Michael, un enfant à nous.

GOTTFRIED : Tu m'as pourtant toujours dit que tu mettais le diaphragme.

GEESCHE : C'est arrivé lorsque tu es revenu un jour trop tôt de Hanovre. Je ne pouvais pas le savoir.

GOTTFRIED : C'est une escroquerie, Geesche. Une escroquerie, tu m'entends, de faire croire à l'homme qu'il peut coucher sans crainte et puis... Oh, le crétin, tomber dans ce genre de piège.

GEESCHE : Comme tu réagis, j'aurais dû le savoir.

GOTTFRIED, *l'imitant* : Tu aurais dû le savoir, tu aurais dû le savoir. Dieu que tu es stupide. Si tu faisais marcher un peu ta cervelle, tu aurais déjà saisi qu'au fond je ne veux pas.

GEESCHE : O Michael.

GOTTFRIED : Mais regarde-toi ! (*Il l'empoigne et la traîne devant la glace.*) Mais regarde-toi, vivre éternellement avec ça ? Avec cette gueule desséchée, cet air sinistre. (*Il la flanque par terre.*) Dieu, tu me répugnes. Je ne me doutais pas qu'un être humain pouvait ressentir un tel dégoût envers un autre être humain, sinon j'aurais su que tu était cet autre dans ma vie.

Geesche se redresse lentement, jette un regard dans la glace, s'arrange les cheveux.

GEESCHE : Bien, voilà qui est terminé. Que comptes-tu faire maintenant ?

GOTTFRIED : Regarde-toi, comme tu es dure. Une vraie femme, elle devrait maintenant rester anéantie par terre, anéantie, et elle devrait pleurer à chaudes larmes.

GEESCHE : A quoi ça me servirait, Michael ? Oui ? A quoi ça me servirait ?

GOTTFRIED : A ce qu'on puisse avoir un peu de pitié, car la pitié peut facilement être prise pour de l'amour.

GEESCHE : Je n'ai pas besoin de pitié, Michael. Et en outre, ce que j'ai pu pleurer, Sainte mère de Dieu. Tu étais assis à côté, tu lisais, sans même t'apercevoir de ce qui se passait chez l'être qui t'aime. Tu dis que tu éprouves du dégoût, soit. Et malgré tout, Michael, je porte un enfant dans le ventre, il est de toi, il faut que tu saches ce que tu comptes faire maintenant, car le changement se remarquera bientôt.

GOTTFRIED : Je ne veux pas entendre parler de tout cela.

Il sort en courant, elle court derrière lui.

GEESCHE : Michael ! (*La lumière s'éteint. Geesche amène Gottfried sur la scène. Gottfried gémit et tremble. Elle est très tendre. Elle lui arrange le sofa, le couvre.*) Le Père Marc doit venir tout de suite, Michael. Veux-tu encore boire quelque chose ? Je t'aime tant. Crois-moi, tu seras bientôt guéri. Ça ne durera pas une éternité.

On frappe. Geesche se précipite à la porte, ouvre. Arrive le Père Marc.

MARC : Je n'ai pu faire plus vite. (*Il s'assoit au chevet de Gottfried.*) Bonjour, monsieur Gottfried, vous souffrez ? (*Gottfried répond oui de la tête.*) Vous pouvez vous estimer heureux d'avoir cette femme-là pour vous. Je connais des cas, je vous le dis. Enfin, quoi qu'il en soit... Personne ne sait si facilement ce qu'il mérite ou non. Etes-vous prêt ?

Gottfried répond oui de la tête, le Père regarde Geesche.

GEESCHE : Oui, Père, oui.

MARC : Je suis venu vous conférer le sacrement du mariage. Johann Michael Gottfried, êtes-vous disposé à prendre pour épouse Margarete Geesche...?

GEESCHE : Miltenberger, née Timm.

MARC : Ah oui, Margarete Miltenberger, née Timm, ici présente, et à lui rester fidèle jusqu'à ce que la mort vous sépare, répondez oui.

GOTTFRIED, *avec difficulté* : Oui.

MARC : Et vous Margarete Geesche Miltenberger, êtes-vous disposée à prendre pour époux Johann Michael Gottfried ici présent et à le servir fidèlement, jusqu'à ce que la mort vous sépare, répondez distinctement oui.

GEESCHE : Oui.

MARC : Je vous déclare donc mari et femme, jusqu'à ce que la mort vous sépare.

Gottfried meurt.

GEESCHE : Père ! (*Elle s'agenouille, se jette sur Gottfried, lève les yeux.*) Il est mort.

MARC : Le mariage est valide, on ne peut plus rien y changer.

GEESCHE : Il est mort. Père, mort. (*Elle se roule sur le sol, le Père se signe.*) Mort, mort, mort. Il est mort. (*Elle se ressaisit.*) Chantez avec moi.

Ils s'agenouillent devant le crucifix.

GEESCHE et MARC : *Chant à deux voix.*

GEESCHE : Père, je voudrais me confesser.

MARC : Je vous écoute.

GEESCHE : Père, je lui ai versé du poison, pour qu'il tombe malade et donne ainsi son nom à l'enfant que je porte de lui en mon sein. Je ne voulais pas le voir mourir, Père. Ce fut un hasard, Père, le Bon Dieu connaît les pensées qui habitent ma tête ! Depuis quatre mois je porte l'enfant dans mon sein et le Père refuse de le dire sien, c'est désespérant pour la femme, mon Père, il vous vient alors des pensées qu'on ne peut plus maîtriser. L'esprit se dévergonde, le Mal devient bon, le Bien mauvais. On pleure des nuits entières sur l'oreiller, on implore le secours de Dieu, qui n'arrive pas. Vous représentez-vous comme on est seul quand personne ne vous entend, Père, comme on se sent totalement abandonné ? Aucun Dieu n'est là pour connaître votre état et diriger son regard vengeur vers une pauvre femme. La solitude, mon Père, est la pire chose du monde.

Timm entre, le Père se lève.

MARC : Vous arrivez trop tard. J'ai marié votre fille à Michael Christophe Gottfried, qui est décédé sur ces entrefaites.

GEESCHE : O père.

Elle court vers son père, l'étreint.

TIMM : Mon enfant. Ma pauvre, pauvre enfant.

MARC : J'ai encore vingt florins à toucher pour le travail effectué.

Geesche est prise d'un accès de rire hystérique, le Père se signe.

TIMM : Accompagnez-moi à la maison, je vous paierai votre dû.

Les deux hommes sortent de scène. Geesche se reprend. Elle embrasse Gottfried mort sur le front, puis le traîne à l'extérieur, très péniblement ; dès qu'elle est sortie, un cri inhumain ; Geesche fait une fausse couche.

La lumière s'éteint, etc.

Geesche entre en scène avec Timm et Bohm.

TIMM : Geesche, prépare le café, montre ce que tu sais faire, que monsieur Bohm se sente ici chez lui. C'est un neveu de Hanovre, sellier.

GEESCHE : Sellier ?

TIMM : Sellier, Geesche. Je crois que tu m'as déjà compris. J'ai pensé qu'il pourrait reprendre la firme, carrément, en outre il te voit d'un bon œil.

GEESCHE : Lui ?

TIMM : Il a demandé ta main, carrément, Geesche, c'est un homme d'honneur. Je lui ai donné mon accord, la joie au cœur. Ta vie désormais connaîtra un cours paisible. C'en est assez du chaos, du malheur et de la honte.

GEESCHE : O père, ton enfant a dépassé les limites des lois régnantes. Ton enfant veut chercher elle-même l'homme qu'elle aura dans son lit.

TIMM : Geesche !

GEESCHE : Non père, ne crie pas.

TIMM : Je crierai contre ma fille si bon me

semble. Tu crois que tu es capable de diriger cette firme, toi femme ? Tu le crois vraiment ?

GEESCHE : Oui, père, j'en suis convaincue. Je connais les affaires mieux que quiconque, père, certainement. Et je ne suis pas disposée à lâcher la main.

TIMM : J'ai confié mille deux cents thalers à ton premier mari pour qu'il puisse ouvrir la sellerie. Mille deux cents thalers ! C'est mon argent, Geesche, qui est investi dans ta firme.

GEESCHE : J'ai suffisamment, je te rembourse.

TIMM : Non, Geesche ! Je ne suis pas venu ici discuter. Je suis venu imposer la décision que j'ai prise.

GEESCHE : J'entends bien, mais je n'obéirai pas, père. Je suis un être humain comme un autre, capable de se déterminer librement. Pour l'instant je n'ai pas envie de cet homme, ni de lui ni d'un autre. Le jour ou mon sein réclamera quelque chose comme un homme, je m'en chercherai un.

TIMM : Pouah, Geesche. On ne peut qu'avoir honte des propos que tu tiens.

GEESCHE : Ah, père, si maintenant tu ne peux qu'avoir honte de la sincérité.

TIMM : Je te contraindrai, Geesche. Je ferai reconnaître en justice les droits d'un père.

GEESCHE : Voilà, buvez du café, et reprenez vos esprits. (*Timm et Bohm boivent leur café.*) Vous n'y trouverez pas votre avantage, cousin, si la femme ne veut pas.

BOHM : Non. (*Il regarde Timm, qui le regarde méchamment.*) Si.

GEESCHE : Non ou si ?

BOHM : Non.

GEESCHE : Ah, alors... le cousin a de la cervelle, père. Il sait juger la situation telle qu'elle se présente. Crois-tu qu'il aurait la vie belle avec une femme qui ne l'aime pas ? Elle lui brûle son manger, lui mouille son schnaps, lui prépare du café amer et pour l'amour elle s'aplatit comme une planche. Le mari n'a rien à gagner à une vie pareille.

BOHM : Je ne veux pas de cette femme, père Timm, je n'en veux plus, elle est trop intelligente pour un homme comme moi. Il faut que je sois maître chez moi, père Timm, ici je ne serais que le valet.

TIMM : Venez, Bohm, allons-nous-en. Je te ferai expier cet affront, Geesche, je te le ferai expier.

GEESCHE : Non père, tu ne me feras plus rien expier, jamais plus.

Dès qu'ils sont sortis, Geesche se signe devant le crucifix.

Chant.

Durant le chant, Zimmermann fait son apparition. Geesche ne l'a pas aperçu, il se glisse vers elle par derrière, l'étreint, Geesche sursaute, mais ils roulent par terre et s'embrassent.

GEESCHE : Zimmermann ! Tu nous ferais mourir de peur.

ZIMMERMANN : Tu es une femme qui ne meurt pas facilement

GEESCHE : Oh, folie, comme c'est bon, oh...

ZIMMERMANN : Je... t'aime.

GEESCHE : Viens. Soyons raisonnables. J'attends une visite... peut-être... et puis...?

ZIMMERMANN : Bien... Ah Geesche, c'est terrible.

GEESCHE : Terrible ? Quoi ?

ZIMMERMANN : Il faudra que je t'en parle, un jour ou l'autre.

GEESCHE : Dis. Dis simplement ce que tu as sur le cœur. Il se trouve toujours une solution. Toujours.

ZIMMERMANN : Eh bien, mon frère qui... non, je m'y prends mal. Mon père, il est mort et a légué vingt mille thalers à ses deux fils, pour qu'ils s'organisent une existence selon leurs vœux. Moi j'avais l'affaire de ma femme, je pouvais m'en passer, de cet argent. Or mon frère, qui a quatorze ans de moins que moi, non, je m'y prends encore de travers. La somme dont je viens de te parler, c'est exactement celle que je t'ai prêtée. Jusque-là, c'est bien comme ça. Mais voilà que mon frère, il veut..., il a une offre, une chose qui exige un premier versement de vingt mille thalers. Oui, Geesche, il y a de quoi être amer sur le moment, sans doute, mais le testament de mon père, je veux le respecter. Toi qui es intelligente, tu comprendras.

GEESCHE : Tu as besoin que je te rende ton argent, tes vingt mille thalers ?

ZIMMERMANN : Il le faut, parce que mon frère, Geesche, il...

GEESCHE : J'ai bien saisi ce que tu disais, seulement... ce ne sera pas possible.

ZIMMERMANN : Pas possible, Geesche ?

GEESCHE : Zimmermann, pas possible. Tu vois, j'ai investi la somme, un nouvel établi, des outils, rien que du neuf. On pourra certainement augmenter les gains, mais... jusqu'ici on n'en est pas encore là.

ZIMMERMANN : Je crois que tu me comprends mal, ce n'est pas une prière que je t'adresse, Geesche, il s'agit d'une exigence.

GEESCHE : Une exigence, certainement, mais où il n'y a rien, nul ne peut rien prendre.

ZIMMERMANN : Je veux récupérer mon argent, tu vendras s'il le faut, Geesche, peu m'importe comment tu t'y prends. Je veux mon argent, et j'insiste.

GEESCHE : Pourtant tu m'aimes.

ZIMMERMANN : Quand il est question d'argent, il faut vite oublier l'amour, Geesche.

GEESCHE : Non, Zimmermann, je te demande d'abord si tu m'aimes.

ZIMMERMANN : C'est sans rapport avec mon argent, si je t'aime ou non.

GEESCHE : Bois ton café et considérons le problème à froid, avec calme.

ZIMMERMANN *s'assoit et boit* : Bon. Qu'as-tu à proposer ?

GEESCHE : Ecoute, Zimmermann, c'est tout simple. L'affaire rapporte... huit cents thalers par mois, il m'en faut la moitié, oui la moitié pour vivre, pour entretenir la maison, me vêtir etc. L'autre moitié, quatre cents thalers, je peux te la reverser régulièrement. Voilà l'offre que je te fais.

ZIMMERMANN : Une offre dérisoire, ça s'étalerait sur... quatre mille huit cents thalers par an, presque sur cinq ans, ce... c'est dérisoire, réellement.

GEESCHE : Ecoute, Zimmermann, tu m'avais

pourtant remis cet argent, sans parler de remboursement.

ZIMMERMANN : C'était dans le feu de mon amour, Geesche, on dit beaucoup de choses alors, et puis on fait aussi des bêtises. D'ici vendredi, je veux savoir quand tu comptes restituer la somme, trois mois, c'est le plus long que je puisse attendre, sinon je fais hypothéquer la sellerie, Geesche, tu apprendras qui je suis.

Il se lève.

GEESCHE : Je t'accompagne encore jusque dehors et te souhaite beaucoup de bonheur.

En sortant, elle fredonne son air.

Geesche revient en scène avec son frère, Johann Timm.

GEESCHE : Cette maison est toujours en deuil, Johann, presque toujours.

JOHANN : Comment...?

GEESCHE : Comment est-ce arrivé, demandestu ? Pour quelle raison, je ne puis te le dire, mais dans quel ordre oui. Mon époux bien-aimé, Johann Gerhard Miltenberger, est décédé le premier, d'une fièvre bilieuse, peu de temps après, notre mère, Johann, inflammation interne, puis mes deux enfants, Johanna et Adelaïde, mal de poitrine et fièvre nerveuse, puis ce fut le tour de mon deuxième mari, Michael Christoph Gottfried, qui s'alita brièvement, puis enfin notre père, sans cause, il était déjà âgé, il devait sentir le poids des ans passés sur cette terre. Ah, Johann, tu es resté si longtemps absent, le malheur des tiens doit te bouleverser.

JOHANN : Oui, Geesche. En revenant, je croyais trouver la famille dans l'état où je l'avais quittée. Quand on est loin de chez soi, on se plaît à imaginer comment vont ceux qu'on a laissés. A la guerre, j'ai vu tellement de gens mourir, que la mort ne peut plus m'ébranler. Mais perdre tous ces êtres est rude, les parents, le beau-frère, les nièces. Ma seule joie, c'est que tu sois restée. Comment aurais-je supporté, à mon retour, qu'il n'y ait aucun survivant, personne pour se souvenir de Johann Timm.

GEESCHE : Ah, Johann !

JOHANN : Geesche ! (*Ils s'étreignent.*) Petite sœurette. Comme tu as dû souffrir. Ces yeux ont dû en verser des larmes. Je ne comptais faire qu'un bref séjour à Brême, pour repartir en quête d'une nouvelle guerre, mais maintenant je ne peux plus laisser ma sœur toute seule, je ne peux plus laisser ce pénible travail à une femme, je reprendrai la firme, Geesche, fais-moi confiance.

GEESCHE : Non !

Cri d'effroi.

JOHANN : Non ! Geesche !

GEESCHE : Ah, tu sais, Johann, il a fallu d'abord que je lutte pour acquérir la connaissance des affaires, il a fallu que j'apprenne, et comme le destin m'a laissée seule au monde, cette maison... c'est maintenant... ma vie, Johann. Comprends-moi bien, tu auras la part qui te revient, je ne retiendrai que ce qui m'appartient, mais une chose est sûre, je ne me laisserai pas enlever le travail.

JOHANN : Ah, petite sœur, n'oublie pas que tu es une femme. La femme peut apprendre beaucoup de choses, jamais elle ne trouvera plaisir à travailler. Tu reprendras vite l'habitude de n'occuper ton esprit qu'aux soins du ménage, de chanter près du foyer, le travail durcit, il détruit la délicatesse féminine, or tu espères bien encore porter un homme dans ton cœur, Geesche.

GEESCHE : Je vais te dire comment il doit être fait, l'homme que je voudrais avoir dans mon cœur. Il faudra qu'il admette que la femme a de la tête, de la raison. Il se peut bien que cet homme-là ne soit pas encore né, alors je m'abstiendrai facilement.

JOHANN : Geesche, je...

GEESCHE : Laisse-moi finir, Johann, je suis venue sur terre pour avoir le droit de penser et de m'exprimer complètement. Calme-toi, Johann, calme-toi. Ecoute-moi bien. Je ne lâcherai pas les affaires. Jamais. Je vivrai ma vie comme je l'entends. Vivre sa vie, Johann, ça doit être l'ambition de tous les êtres humains. Et une femme est un être humain, même s'il y en a trop peu, hommes ou femmes, qui le sachent.

JOHANN : Tu me donnes une tête lourde, Geesche. Je ne peux accepter ce que tu dis là.

GEESCHE : Il faudra apprendre à le faire, Johann, ou partir.

JOHANN, *hurlant* : Je m'en irai quand je veux, Geesche, et je ferai ce qui me plaît. D'abord, une femme, c'est bien la dernière créature par qui je m'en laisserais remontrer. Et ma sœur, par-dessus le marché ! Je reprendrai la firme, Geesche, aussi vrai que tu me vois sur cette chaise. C'est mon dernier mot. Je ne suis pas disposé à en dire plus.

Silence

GEESCHE : Je vais te donner une tasse de thé, ça te réchauffera, frère.

Elle se lève, et lui verse une tasse de thé.

JOHANN : Vois-tu, c'est ce que j'apprécie, chez une femme, il faut qu'elle soit ainsi, travailleuse, zélée. Mais si elle se met à penser de la tête, où va-t-on. (*Geesche lui donne son thé, ajoute du sucre, remue, il vide la tasse d'un trait.*) Bien, maintenant je vais me coucher, Geesche, réveille-moi de bonne heure, s'il te plaît, je voudrais m'initier au travail.

Il sort. Geesche se signe devant le crucifix, se met à chanter le cantique, mais la lumière s'éteint très vite.

La lumière s'allume, etc.

Entre Louisa Mauer.

GEESCHE : Louisa, très chère !

LOUISA : Geesche ! Mais tu rajeunis et embellis tous les jours. Comment fais-tu ?

GEESCHE : C'est la liberté, très chère, uniquement la liberté.

LOUISA : Ah ? Délicieux. Et tu en es sûre ?

GEESCHE : Tout à fait, très chère, assieds-toi donc.

LOUISA : Quand on a autant de chagrins et de malheurs que toi et qu'on se maintient aussi bien, il faut...

GEESCHE : Oui ?

LOUISA : Il faut avoir le diable pour allié, non ?

GEESCHE : Le diable ?

LOUISA : Oui, ma bonne. En tant que femme, on est bien forcée de s'expliquer d'une manière ou d'une autre la prospérité d'une créature aussi douloureusement frappée. Une petite tasse de café, Geesche, s'il te plaît. Et que tu trouves toujours des hommes prêts à te rejoindre spontanément dans ton enfer, terrible !

GEESCHE : Terrible ?

LOUISA : Terriblement excitant bien sûr. Souvent, avec mon Friedrich, nous faisons des paris, quel sera le prochain mort dans cette maison. C'est captivant, très chère, et quoi qu'il en soit on est toujours surpris par le résultat, vraiment.

GEESCHE (*café*) : Tu permets.

LOUISA : O merci, très chère, merci. Imagine-toi que j'avais misé sur ton père, et qui y est passé ? Votre Gottfried, comme on peut se tromper.

GEESCHE : Oui, comme on peut se tromper.

LOUISA : N'est-ce pas ! Et ta poitrine qui ne cesse de mûrir, très chère, de grossir aussi. Comment t'y prends-tu ?

GEESCHE : Le coton, très chère.

LOUISA : Du coton ?

GEESCHE : Oui, du coton. Je connais le goût des hommes, je sais ce qui les titille immédiatement. Et... sans homme dans le lit, je ne peux dormir.

LOUISA : Pouah, Geesche, pouah !

GEESCHE : Pouah, Louisa, pourquoi donc ?

LOUISA : On ne peut pas toujours dire réellement ce qu'on pense. Mais avec toi, pardonne, c'est égal, hein ? Dans tout ce micmac, et tu ne fais pas de cachotteries toi, la femme tire son épingle du jeu, non ? Mais, pour être sincère, je ne voudrais pas être comme toi, j'ai un mari depuis quinze ans, il a ses idées, le brave, il s'active. Et ce qu'il veut de moi, il l'obtient. Voilà.

GEESCHE : Et tu n'as jamais encore éprouvé

l'envie d'en savoir sur le monde plus que tu n'en sais ?

LOUISA : Jamais.

GEESCHE : Et tu n'as jamais imaginé comme ce serait bien de te libérer de ce que tu as appris.

LOUISA : Geesche, tu en dis et tu en penses des choses.

GEESCHE : Réponds, s'il te plaît.

LOUISA : Non, naturellement pas. Je me sens mal, très chère, franchement mal.

GEESCHE : C'est le poison que tu as bu dans ton café.

LOUISA : Du poison ?

GEESCHE : Dans le café.

LOUISA : Oh, oh, charmant, très chère, ce genre de plaisanterie te va comme un gant.

GEESCHE : Ce n'est pas une plaisanterie, Louisa. Je t'ai empoisonnée pour de bon.

LOUISA : Tu m'as...? Non, non, tu... tu n'en es pas capable.

GEESCHE : Si, très chère, certainement.

LOUISA : Et... et... pourquoi ? Pourquoi donc ?

GEESCHE : J'ai voulu t'éviter de continuer à mener la vie que tu mènes.

LOUISA *pousse un cri* : Au secours !

Elle court vers la porte, mais tombe morte avant de l'atteindre. Au même moment, Rumpf fait son entrée.

GEESCHE : Elle... elle est morte.

RUMPF : Oui.

GEESCHE : Elle s'est écroulée, simplement. Comme c'est terrible.

Elle veut l'étreindre.

RUMPF : Je suis allé à la police judiciaire, Geesche, pour faire analyser les boules blanches que tu versais dans mon café. Tu as voulu m'assassiner, Geesche, pourquoi ?

GEESCHE *hausse les épaules* : A moi de mourir, maintenant.

Elle s'agenouille et chante toutes les strophes du cantique.

La lumière s'éteint lentement.

Sur Rainer Werner Fassbinder

Rainer Werner Fassbinder fait actuellement figure, en France, de représentant attitré du jeune cinéma allemand. Encore n'a-t-on pas pris, jusqu'à ce jour, la mesure exacte de sa productivité, qui est peu commune : vingt-trois films de 1965 à 1975 (dont six rien que pour l'année 1970) auxquels s'ajoute entre autres, depuis, le très controversé L'Ombre des anges, *en collaboration avec le Suisse Daniel Schmid. Le scénario et les dialogues de* L'Ombre des anges *sont tirés de la dernière pièce, inédite, de Fassbinder,* Die Stadt, der Müll und der Tod *(La ville, l'ordure et la mort, 1976).*

A dire vrai, Fassbinder joue beaucoup des interférences entre le théâtre et le cinéma, monte ses pièces comme des films, tourne ses films comme des pièces. Or l'homme de théâtre qu'est Fassbinder, pour le coup, reste presque totalement ignoré en France. Comédien, metteur en scène, adaptateur et auteur, il a créé de 1967 à 1971, avec un collectif, huit pièces signées de son nom et huit adaptations. Aucune n'a encore été montée en France, à l'exception de Liberté à Brême, *que Michel Dubois et la Comédie de Caen ont représentée pour la première fois en 1975.*

« Je suis obligé de travailler d'une manière ou d'une autre tout ce que je vis pour avoir l'impression de l'avoir vécu » : né en 1946 à Bad Wörishofen, près de Munich, Rainer Werner Fassbinder ne se reconnaît apparemment pas d'autre vie que celle qui lui est renvoyée par son œuvre, d'autre identité que celle qu'il se fabrique par son art. Là réside peut-être la source existentielle de cette productivité, où d'aucuns ne veulent voir qu'une adaptation aux lois du marché et à son besoin de nouveautés.

Après avoir été employé pendant deux ans dans une affaire immobilière, Fassbinder devient élève du Studio d'art dramatique Leonhard à Munich (1964-1966), puis membre du Théâtre Action *; enfin, à la dissolution de ce dernier, il fonde en 1968 l'*Antithéâtre, *toujours à Munich, dans le célèbre quartier de Schwabing. L'entrée en scène de l'*Antithéâtre *coïncide avec l'explosion du mouvement étudiant en République fédérale (1967-1968), son installation avec le reflux de celui-ci. Fassbinder partage l'anti-autoritarisme de la nouvelle génération, et en particulier la critique marcusienne de la « culture affirmative ». Mais il ne suit pas jusqu'au bout les éléments les plus radicaux de cette opposition extra-parlementaire, qui souhaitent engager le théâtre dans la voie de l'agit-prop. « Le plus important », écrit-il, « me semble être de créer le malaise dans les institutions de la bourgeoisie ». Fassbinder introduit le malaise sur la scène bourgeoise sans jamais la quitter. Les adaptations de l'*Antithéâtre, *d'après Ferdinand Bruckner, Marieluise Fleisser, Jarry, Goethe, Sophocle, John Gay, Goldoni et Lope de Vega répondent au programme ainsi fixé. Le modèle ancien, réduit à des rudiments de texte, donne naissance à des versions marquées de fantaisie et de véhémence : décousus, les habits de la culture révèlent les figures nues, choquantes, de l'argent, du crime, du sexe ou de la sentimentalité. Inversement, les créations nouvelles de Fassbinder lui-même se glissent ironiquement dans des vêtements empruntés au naturalisme ou à l'expressionnisme, au mélodrame ou à la comédie de mœurs.*

L'entreprise, peu conforme mais comme on voit prudente, est vite couronnée de lauriers fort officiels. En 1969, Katzelmacher *(Le Bouc), la première pièce de Fassbinder, reçoit le prix d'encouragement de la fondation Gerhardt Hauptmann, et en 1970 le fim tiré de cette pièce l'Oscar fédéral, tandis que le Ruban d'Or du cinéma est décerné à l'ensemble de l'*Antithéâtre *pour sa collaboration à* Katzelmacher, Liebe ist Kälter als der Tod *(L'amour est plus froid que la mort) et* Götter der Pest *(Dieux de la peste).*

C'est dire que dans le climat post-« révolutionnaire » caractérisé par le reflux du mouvement étudiant, l'œuvre de Fassbinder trouve un champ propice à ses ambiguïtés cultivées, sans doute récupérables mais jusqu'à un certain point seulement. Le refus de rigueur théorique la rend suspecte au regard des exigences qu'impose le politique. Mais la pratique sensible dont elle émane lui permet de toucher un assez vaste public, fût-il petit-bourgeois, dont les frustrations et les nostalgies sont à la fois reconnues et retrouvées de l'intérieur par ses interventions contradictoires. Ce qui finalement travaille ici, c'est un certain humour théâtral, étranger aux abstractions prématurées, préférant toujours, en dernière instance, la tendresse à la parodie dénonciatrice.

*Ce n'est pas un hasard si l'*Antithéâtre *n'a jamais donné lieu à une définition précise. Le programme des premières représentations proposait au spectateur les équations suivantes :* Antithéâtre = *ensemble du* Théâtre Action, Antithéâtre = *théâtre socialiste,* Antithéâtre = *information, mais l'incitait à multiplier ce genre de formules. Autant dire que l'expérience garde un caractère ouvert, exploratoire, en contact dialectique avec le public, aux antipodes du grand art et de ses systèmes, à proximité de ce que, faute de mieux, on appellera l'esprit du temps. Du même coup, la production de Fassbinder atteint à une sorte d'objectivité, peut passer pour une chronique des angoisses et des aspirations contemporaines, que refoule la société dominante, mais qu'expriment souterrainement les minorités réprimées (majoritaires quand on veut bien en faire la somme). Ajoutons que cette objectivité-là, qui ne prétend aucunement à l'éternité, se nourrit tout particulièrement de la subjectivité de l'auteur, jamais en dehors de ses personnages, toujours réfractée dans la configuration qu'ils présentent.*

*Cela dit, l'*Antithéâtre *offre un certain nombre de traits saillants, de caractéristiques organisationnelles et formelles. A l'origine, il fonctionne comme une commune, où est mise en cause la séparation traditionnelle des tâches théâtrales. Fassbinder, au reste, se détachera progressivement du groupe pour mieux affirmer sa personnalité,* *et il lui arrive d'expliquer son intérêt de plus en plus exclusif pour le cinéma, à partir de 1971, par les difficultés du travail collectif (« Au cinéma [...] on accepte d'emblée que quelqu'un prenne les décisions, et comme cela est clair dès le début, on a beaucoup plus de liberté pour frayer ensemble et fournir des apports que dans un groupe de théâtre qui postule : "Nous allons élaborer quelque chose en commun" »). Ce recul n'empêche pas que l'écrivain de théâtre Rainer Werner Fassbinder, qui persiste sous le cinéaste, tire sa principale efficacité, en particulier sa réussite dans le détail, de son contact avec la praxis théâtrale proprement dite. Et ses textes portent, directement ou indirectement, la marque d'un style de jeu original mis au point par le groupe (l'emploi d'un dialecte de composition, le ralentissement du rythme d'élocution, l'attitude distanciée, etc.).*

Les trois pièces que nous présentons ici n'épuisent pas, loin s'en faut, le répertoire théâtral de Fassbinder. Elles suffisent cependant à donner un aperçu de sa, ou plutôt de ses méthodes, tout en témoignant de sa capacité de renouvellement. Ce sont trois exemples d'un théâtre qui se laisse difficilement classer, les uns soulignant sa tendance critique, à proximité de Brecht, d'autres son naturalisme distant, mais dénué de perspective, d'autres encore sa vertu utopique, anticipant un avenir enfin libre de tout rapport de domination. La manière de Fassbinder, quoi qu'il en soit, est suffisamment souple pour que cette œuvre puisse se développer en des sens très divers. Vers où ? Ce n'est peut-être pas l'auteur qui a la clé de cette question, mais le mouvement social réel.

PHILIPPE IVERNEL

TABLE

ACHEVÉ D'IMPRIMER LE 3 NOVEMBRE 1983
PAR CORBIÈRE ET JUGAIN, ALENÇON, ORNE
DÉPÔT LÉGAL : NOVEMBRE 1983